Südtirol

Schon Italien, aber irgendwie noch deutsch. Weinseligkeit, Wander- und Wintersport, Seite an Seite. Brettl-Jause und rotweißes Karo, daneben in Neon-Outfits die Snowboarder, Freeclimber und Paraglider. Südtirol erlaubt und verträgt beides spielend: Das Land ist so behaglich wie atemberaubend, so theatralisch wie bürgerlich. Südtirol, das heißt: Morgens über Almen wandern, am Weg einen Bildstock bestaunen oder über ein Dorfkirchenfresko grübeln. Abends aber Kleid und Tand an der Meraner Kurpromenade spazieren führen und über Knödel und Kretzerweine fachsimpeln. Oder in einer Trattoria in den Bozener Lauben über Pasta und Carpaccio schwelgen.

Diese unwiderstehliche Melange aus Nord und Süd am Südbalkon der Alpen serviert dieser HB-Bildatlas in neuer Zusammenstellung. Sieben Kapitel weit fährt er die Täler zwischen Glurns und Toblach, vom Brenner bis zur Salurner Klause hinauf, Luis Trenkers Dolomitengipfel so fest im Blick behaltend wie den Elefanten in Brixens Domkreuzgang oder die Sarntaler Federkielsticker. Und wie jeder Reiseführer zu Südtirol führt auch dieser hoch hinaus: Gut 85 Prozent des Landes liegen mehr als tausend Meter über dem Meeresspiegel. Eine Herausforderung also – und eine Einladung: zu Genüssen für Leib und Seele auf hohem Niveau.

Es stimmt: Manch einer mäkelt. Südtirol sei als Ferienregion nur deshalb so populär, weil man dort deutsch spreche und zugleich die Lira schwach sei gegenüber der Mark. Daran hat sich, nicht nur des Euros wegen, vieles geändert. Gewiss finden nicht wenige in Südtirol eine Insel, auf der so gelebt wird, wie in einem älteren Deutschland vielleicht einmal gelebt worden ist. Längst aber trifft man in diesem Teil Italiens auch auf Vollbeschäftigung, gute Einkommen, eine hohe Lebensqualität. So, als gäbe es einen eigenen Weg in die Moderne. Zudem ist die Hoffnung groß, dass aus der einst gewalttätigen Konkurrenz der Volksgruppen eine Art sportlicher Wettstreit geworden ist. Die ›Europaregion Tirol‹ unter dem Dach der Europäischen Union scheint hier ein verlässlicher und akzeptierter Wegweiser.

Im Zuge der Globalisierung sind die Karten neu gemischt, und Südtirol hat ein gutes Blatt in diesem Spiel. Sein touristisches Angebot wird unverwechselbar bleiben; für Urlauber bedeutet das, dass sie nicht nur in ein Traumland reisen, sondern in ein Land, dessen Bewohner gute Zukunftschancen haben. Das prägt auch den Umgang mit den Gästen, die einfach herzlich willkommen sind. Ulf Hausmanns jedenfalls, der diesen Band schrieb, und Werner Fabig, der Fotograf, waren es jederzeit.

Eine der perfektesten Südtirol-Kulissen: St. Johann in Ranui im Villnößtal vor den Geislerspitzen.

Titel: Trachtenfest in St. Ulrich in Gröden.

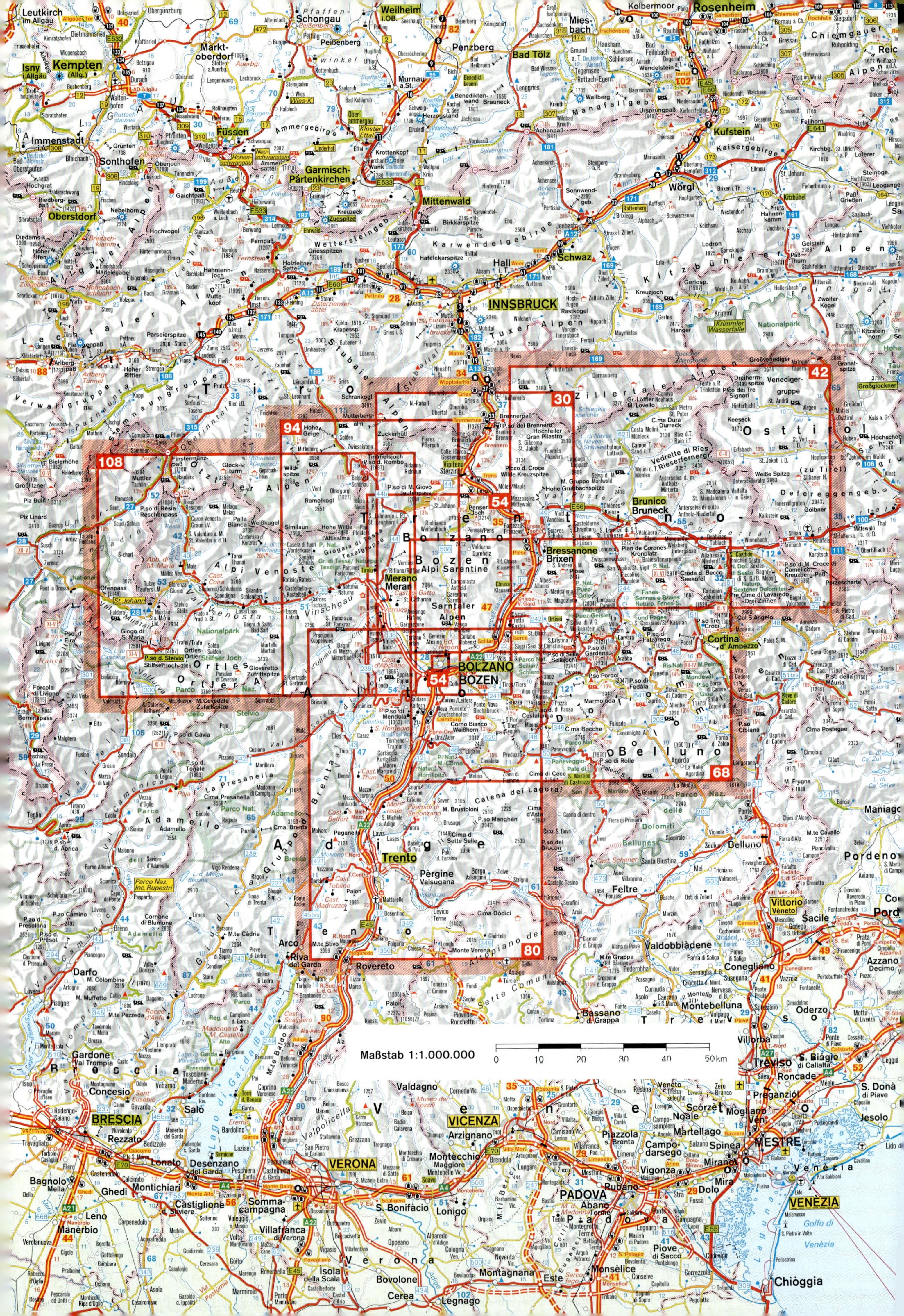
Maßstab 1:1.000.000
0 10 20 30 40 50 km
Leutkirch im Allgäu
Kempten (Allg.)
Isny i. Allgäu
Immenstadt
Sonthofen
Oberstdorf
Marktoberdorf
Schongau
Füssen
Weilheim i. OB.
Penzberg
Murnau a.St.
Garmisch-Partenkirchen
Mittenwald
Bad Tölz
Miesbach
Rosenheim
Kolbermoor
Kufstein
Wörgl
Schwaz
Hall
INNSBRUCK
Karwendelgebirge
Wettersteingebirge
Kaisergebirge
Chiemgauer Alpen
Lechtaler Alpen
Ötztaler Alpen
Stubaier Alpen
Zillertaler Alpen
Kitzbüheler Alpen
Tuxer Alpen
Tirol
Osttirol
Brunico Bruneck
Bressanone Brixen
Merano Meran
BOLZANO BOZEN
Alpi Venoste
Alpi Sarentine
Vinschgau
Nationalpark
Ortles
Dolomiti
Belluno
Cortina d'Ampezzo
Trento
Pergine Valsugana
Rovereto
Riva d. Garda
Arco
Adamello
Feltre
Valdobbiàdene
Conegliano
Vittorio Veneto
Sacile
Pordenone
Bassano d. Grappa
Montebelluna
Treviso
Oderzo
Villorba
Roncade
MESTRE
VENEZIA
Jesolo
Chiòggia
PADOVA
Abano
Monsélice
Este
Montagnana
Piove di Sacco
Mirano
Spinea
Noale
Scorzè
VICENZA
Arzignano
Valdagno
Montecchio Maggiore
VERONA
Legnago
Cerea
Bovolone
Isola della Scala
Villafranca di Verona
Sommacampagna
Desenzano del Garda
Lonato
Montichiari
Castiglione d. Stiviere
Ghedi
Leno
Manerbio
BRESCIA
Rezzato
Concesio
Gardone Val Trompia
Salò
Darfo
Lago di Garda
Bagnolo Mella
Lonigo
S. Bonifàcio
Rubano
Vigonza
Campodarsego
42
30
94
108
54
68
80

Inhalt

Bilder aus Südtirol

6 Kein Felsen ohne Burg
8 Vom Dorfleben der Städte
10 Lieber Gott, mächtiger Gott
12 Vom Lebens- zum Genussmittel
14 Ingeniöse Handwerkskunst
16 Wandern auf allen Etagen
18 Südtirol: Land & Leute, Kultur & Geschichte

Ferienklassiker in immer frischen Farben

20 Das obere Eisacktal: Sterzing · Ridnauntal und Ratschingstal · Domstadt Brixen · Kloster Neustift · Klausen und Säben · Im Villnößtal · Wolkenstein-Schloss Trostburg
30 Autokarte
31 Wo gibt es was?

Links ab ins Pustertal – und sachte bergan

32 Das Pustertal und seine Nebentäler: Burg Rodenegg · St. Lorenzen · Bruneck am Kronplatz · Tauferer Tal, Ahrntal und Reintal · Antholzer Tal, Welsberg, Gsieser Tal · Toblach, Innichen und Sextener Dolomiten
42 Autokarte
43 Wo gibt es was?

Salute Bolzano, willkommen in Bozen

44 Spaziergänge durch die Hauptstadt: Waltherplatz, Kornplatz, Obstmarkt · ›Ötzi‹ und Freskenkunst: die Museen · Faschistisches Erbe · Am Stadtrand: Ritten, Salten, Runkelstein · Das Sarntal
54 Autokarte mit Stadtplan von Bozen
55 Wo gibt es was?

Landschaften zum Abheben: die Dolomiten

56 Naturwunder Dolomiten: Wandern und Wintersport auf der Seiser Alm · Brauchtum in Kastelruth und im Grödner Tal · Schlern, Latemar, Rosengarten: Die Große Dolomitenstraße · Ladinien: das Gadertal
68 Autokarte
69 Wo gibt es was?

Südtirols Süden, Land der Wein-Heiligen

70 An der Südtiroler Weinstraße: Eppan, Kaltern, Tramin · Burgen und Ansitze: das ›Überetscher Adelsparadies‹ · Kurtatsch, Margreid und Salurn · Neumarkt und Auer (Castelfeder) · Wallfahrtsziel Maria Weißenstein in Deutschnofen
80 Autokarte
81 Wo gibt es was?

Meraner Land – wo die Welt nach Äpfeln duftet

82 Alte Kurstadt Meran: Urlaub zwischen Rennbahn und Casino · Über der Stadt: Schloss Schenna und Dorf Tirol, Hafling und Algund · Andreas Hofers Passeiertal · Von Lana ins Ultental · Obstgärten und Burgen an der Etsch: Tisens-Prissian, Nals und Terlan
94 Autokarte
95 Wo gibt es was?

Kraftnahrung fürs Gemüt: der Vinschgau

96 Der Vinschgau: Partschins und Naturns · Ötzis Heimat: Abstecher ins Schnalstal · Waalwanderungen · Latsch, Schlanders und das Martelltal · König Ortler: Von Prad in den Nationalpark Stilfser Joch · Glurns, Mals und Burgeis · Zum Reschenpass
108 Autokarte
109 Wo gibt es was?

Anhang

110 Touristik-Informationen mit Reisedaten
111 Ausgewählte Hotels und Restaurants
112 Touristik-Informationen mit Wetterdaten
113 Register, Impressum, Zeichenerklärung der Karten
114 Vorschau
Lieferbare Titel
115 Anzeigen

Andenken an die Minnesänger: Akteurinnen bei einem Fest im Grödner Tal.

Kein Felsen ohne Burg

Das Inventar dieser Kulisse ist grandios: Mehr als 350 feste Häuser, Burgen und Klöster zählt man in Südtirol, viele auf die unzugänglichsten Felsen gebaut, drohend und beschützend zugleich, oberhalb von Ortschaften in die Hänge geklebt. Als ›Burgenromantik‹ lässt sich dieses gewaltige Erbe trefflich vermarkten – nicht wenige Burgen dienen heute als Hotels –, als Museumsschauplatz öffentlich zugänglich machen. Und immer bleibt ein Rest an Erinnerung: Hier verlief der Kaiserweg zwischen Deutschland und Rom, der Südtirols Schicksal bis in die Neuzeit prägte.

Von der Lage eine der schönsten: Burg Reifenstein bei Sterzing gehörte dem Tiroler Herzog, dann Rittern des Deutschordens.

wie Licht
come luce
LEITNER
31

Vom Dorfleben der Städte

Stadtluft machte im Mittelalter viele frei und manche reich – auch in Südtirol. Das verraten die properen Gassen und Straßen der alten Orte und Städte mit ihren Lauben, den giebel- und erkerverzierten Häusern und den gepflegten Plätzen. Hier leben oft seit Generationen die gleichen Familien, arbeitet der Enkel im gleichen Beruf wie der Urahn. Solche Tradition bestimmte den Rhythmus Südtirols schon immer stärker als der Gegensatz zwischen Stadt und Land, Bergbauern und Ackerbürgern.

Die alten Mauern sind deutsch, die Liebe zum üppigen Blumenschmuck erinnert an den Süden: die Stadtgasse in Bruneck.

Lieber Gott, mächtiger Gott

Zur Ehre Gottes wird in Südtirol noch immer mehr getan als in den Ländern, aus denen die Touristen herbeiströmen. 98 Prozent aller Südtiroler sind katholisch, und ihrem Herrgott begegnet man überall: in einer Wallfahrtskirche am Berg, an einem Bildstock an der Wanderroute, in der Krypta eines ehemaligen Stifts, das man als Konferenzhotel gebucht hat. Aber niemand leugnet, dass die Kirche Wissenschaft und Künste schon immer förderte, wenn es den Geschäften diente. Denn zusammen mit der Volksfrömmigkeit gibt dies dem Herrgott einen festen Stand.

Die romanisch-gotischen Bauteile der Stiftskirche zu Unserer Lieben Frau im Kloster Neustift sind von wucherndem Spätbarock überdeckt.

Vom Lebens- zum Genussmittel

Wein trinken und Wein anbauen sind zweierlei Ding – und im Idealfall beides Künste. Wobei jede Zeit ihre Vorlieben hat: Zwar stehen in Südtirol heute weitaus weniger Rebstöcke in den Weingärten und auf den Hangterrassen als noch im Mittelalter, und sicher wird auch weniger Wein pro Kopf getrunken als in alten Zeiten. Dafür ist er besser geworden, ist Südtiroler Wein vom Lebens- zum Genussmittel geworden. Dass daneben noch viel Raum für süffige Viertel zu Speck und Krapfen beim Törggelen bleibt, hat dann vielleicht eher mit Geselligkeit zu tun.

Die Lese ist noch Handarbeit unter den laubenartigen ›Pergeln‹, die sich in dieser Form über Hügel und Hänge ziehen.

Ingeniöse Handwerkskunst

Die Sarntaler Federkielsticker, die Holzschnitzer aus Gröden, die Patschenmacher und Besteckkünstler und alle ihre Brüder und Schwestern im Kunsthandwerk wirken so fotomotivisch schön traditionell, dass einem recht heimelig wird in der Vergangenheit. Dabei entspringen diese Tätigkeiten oft der Not – sie halfen die Suppenteller im Winter füllen. Mitunter steckte aber mehr dahinter: Peter Mitterhofer aus Partschins war Zimmermann, also konnte er mit Holz umgehen. Und also baute er eine Schreibmaschine daraus – die erste der Geschichte.

Sticken im Sarntal: Mit den langen Kielen der Schmuckfedern der Pfauen werden Muster in vorgelochte Lederteile eingebracht.

Wandern auf allen Etagen

Insider behaupten: Wer nie wanderte in Südtirol, der war nie in Südtirol. Und sie haben Recht damit. Dabei muss es nicht einmal einer jener goldenen Herbsttage sein, von denen alle schwärmen. Auch nicht eine jener überirdischen Dolomitenlandschaften, von denen die Kalenderblätter voll sind. Denn Südtirol ist für jeden, egal welchen Alters oder welcher Kondition, und auf allen Etagen erwanderbar: im Tal durch blühende Obstgärten, am Hang zwischen Rebstöcken hinauf, auf der Alm im duftenden Wildblütenteppich. Und am persönlichen, bescheidenen Gipfel wird nichts je schöner sein.

Die Seiser Alm ist der Inbegriff einer Landschaft, die für Wanderer wie geschaffen ist – zu jeder Jahreszeit.

Südtirol: Land & Leute,

Eine Region, drei Sprachen

Wenn es etwas gibt, worin sich fast alle Südtiroler einig sind, dann ist es das Bittgebet zur Muttergottes. 98 Prozent der 450 000 Einwohner sind katholisch und gehören der Diözese Bozen-Brixen an. Die ethnische Herkunft (1991: 67,99 Prozent Deutschsprachige, 27,65 Prozent Italienischsprachige, 4,36 Prozent Ladiner) spiegeln dagegen die 28 Dekanate wider: 23 sind mehrheitlich deutsch-, drei mehrheitlich italienischsprachig, und in zweien wird ladinisch gesprochen. Die kirchliche Verwaltung trägt wie die staatliche dem Proporz Rechnung: Die meisten Sektionen sind sowohl deutsch als auch italienisch besetzt.

Wie kam es dazu? Südtirol erhielt sein erstes Autonomiestatut 1948 durch den Zusammenschluss der Provinzen Trentino und Bozen zur Region Trentino-Südtirol. Der deutschsprachigen Mehrheit billigte es gewisse Rechte zu, doch nicht zuletzt unter dem Eindruck der ›Feuernacht‹ des 11. Juni 1961, bei der im ganzen Land Strommasten gesprengt wurden, begann man diese zu überdenken. Im zweiten Autonomiestatut (1972) fand dies Eingang; 1988 dann wurde die Gleichstellung der Sprachen bestätigt, und 1992 gab Österreich vor der

Südtirol ist zu 98 Prozent katholisch. In den Faschingsbräuchen, hier das Zussl-Rennen in Prad, steckt aber auch heidnisches Erbe.

Uno gegenüber Italien seine ›Streitbeilegungserklärung‹ ab – ein formaler Schlussstrich unter nationalistische Sündenfälle aus Jahrzehnten. 1994 trafen sich gar die Landesregierungen von Nord- und Südtirol in Bozen zur gemeinsamen Sitzung, der ersten seit 75 Jahren. Sie beschlossen das Bekenntnis zur ›Europa-Region Tirol‹ – eine Wegweisung zumindest in die Zukunft.

Ötzi und Andreas Hofer

Spannungsreich verlief die Geschichte des Landes zwischen Alpen und Mittelmeer ohnehin schon immer. Dass Menschen das heutige Südtirol bereits in Besitz nahmen, als um 12 000 v. Chr. die Gletscher schwanden, belegt nicht nur ›Ötzi, der Mann aus dem Eis‹, dessen Zeitgenossen die höchsten Alpenübergänge schon vor 5300 Jahren genutzt haben.

Geschriebene Geschichte aber beginnt erst um die Zeitenwende: 15 v. Chr. notiert ein Römer, dass Drusus den Norden als Provinz Raetia für Rom gewinnt. Dann kommen die Franken, ihnen folgen die Bajuwaren, die sich gegen Langobarden und Slawen durchsetzen und sich erst 778 Karl dem Großen beugen. So kommt der Süden ab Bozen und Meran zu italienischen Reichen, der Norden zum Frankenreich.

Aus mittelalterlichen Machtkämpfen geht 1248 Albert von Tirol als Sieger hervor: Die Grafschaft Tirol ist geboren. Adelsstreitereien münzen die Tiroler 1342 zu einem Aufsehen erregenden, vom Kaiser bestätigten Freiheitsbrief um, der den ›Landleuten‹ Mitspracherechte in Steuer-, Gesetzes- und Regierungsdingen gibt. Schon 1363 aber erlischt mit Margarethe Maultaschs Regierungsverzicht zugunsten Habsburgs die Herrschaft des Tiroler Adels über Tirol.

Im 15. Jahrhundert boomt Tirol durch den Erzabbau; Sterzing wird Fuggerstadt. Der Bauernstand streift die Leibeigenschaft ab; der Adel probt den blutigen Aufstand gegen Wien, der aber an der Treue der Bauern und Städte zum Kaiser scheitert. Und als im Spanischen Erbfolgekrieg das Tiroler Landesaufgebot gegen die angreifenden Bayern triumphiert, wird Tirol zum Dank fest an den Wiener Thron gekettet.

1797 überfallen die Franzosen Tirol, doch der Landsturm vertreibt sie. 1805 geht Tirol dennoch von Österreich an das von Napoleon begünstigte Bayern, das die alten Freiheitsrechte kassiert. Der fällige Aufstand mündet in blutige Schlachten, bei denen der Passeirer Wirt Andreas Hofer und seine Schützen mit schwacher österreichischer Unterstützung mehrfach siegen. Am Schluss aber ist die Tiroler Sache verloren, Hofer wird hingerichtet, und Napoleon teilt Tirol. Der Norden geht an Bayern, der Süden ans Königreich Italien.

Mit Napoleons Verbannung gelangt Tirol wieder an Österreich und kommt in der Folge wirtschaftlich herunter. Bald fordern italienische Nationalisten die Annexion der Gebiete bis zum Alpenhauptkamm, scheitern 1915 aber am Landsturm, der die Grenze sichert. 1919 wird Tirol südlich des Brenners dennoch an Italien gegeben, dessen Faschisten ab 1922 drei Ziele verfolgen: die Entnationalisierung der Südtiroler, die Massenansiedlung von Italienern und die Aussiedlung der Südtiroler. Hitler unterstützt den Duce mit einer ›Heimholaktion‹, was viele Familien zerreißt: 75 000 Menschen wandern ab. 1946 wird Südtirol erneut Italien überantwortet – das eingangs beschriebene Ringen um den nationalen Proporz ist die Folge.

Lange prägten Ritter und Adel die Geschichte Tirols. Auf der Churburg in Schluderns kann man ihre Rüstungen und Waffen bewundern.

Kultur und Brauchtum

Die Wechsel der Geschichte haben das kulturelle Selbstverständnis der Menschen in Südtirol bis heute polarisiert. So gewinnen noch viele der in den drei Sprachgruppen beheimateten Südtiroler ihre Identität eher durch Abgrenzung als durch Besinnung auf das gemeinsame Erbe. Dabei werden, wenn man den reichen Schatz an sakralen, ritterlich-höfischen und bäuerlichen Kunstwerken betrachtet, Gemeinsamkeiten überdeutlich: Das fast grenzenlose Europa Karls des Großen findet sich in einer einzigartigen Fülle früher Fresken wieder, die mittelalterlichen Universalkulturen der Kirche und des Rittertums in Burgen auch in den kleinsten Ortschaften und in Schnitzwerken wie den großen Flügelaltären. Hinzu kommen habsburgische Weltläufigkeit und Einflüsse aus dem Trentino, Graubünden und Süddeutschland – eine Kulturlandschaft der Vielfalt ist das Ergebnis. Als Ganzes wirkt sie wie ein großes Bilderbuch, dessen Seiten man am besten vor Ort liest. Dort findet man das Besondere, wo es entstand, oder wofür es geschaffen wurde.

Für den, der ›von draußen‹ kommt, macht die ungezwungene Gleichzeitigkeit von Alltagsleben und gelebtem Brauchtum den Charme Südtirols aus. Schon bei kurzen Spaziergängen oder Wanderungen durch das den Bergen und Tälern abgerungene Kulturland erschließt sich dieser Zauber.

Wo arbeitet man im Paradies?

Die überwältigende Natur, so gern als ›Paradies‹ bezeichnet und vermarktet, verstellt leicht den Blick dafür, dass hier auch erfolgreich gearbeitet wird. Goldene Trauben, rotwangige Äpfel und glückliche Kühe wirken wie Akzente einer Inszenierung auf der

Naturbühne, und die familiäre Atmosphäre im Gastgewerbe (250 000 Betten, 4600 Betriebe, 10 000 Privatquartiere) wird zum Bestandteil einer Urlaubskultur zwischen Sommerfrische, Kur- und Bergerlebnis. So liegt über dem Tagwerk der 210 000 angestellt und selbstständig arbeitenden Südtiroler das permanente Feriengefühl, das vier Millionen Urlauber dem Land jährlich überstülpen. 62,1 Prozent sind als Dienstleister tätig (mit stärksten Schwankungen im Gastgewerbe: knapp 28 000 Arbeitskräfte im Hochsommer, 16 500 im November), 24,6 Prozent im produzierenden Gewerbe, 13,3 Prozent (meist selbstständig) in der Landwirtschaft. (12 500 der 18 000 Höfe liegen in den Bergen.) Arbeitslosigkeit (ca. 2 Prozent) ist fast unbekannt, trifft Frauen aber deutlich stärker als Männer. Investiert wird zumeist von Tourismus und Handel (über 50 Prozent); die Landwirtschaft konzentriert sich auf Weinbau, Obstbau und Viehzucht – und europaweite Direktvermarktung und Veredelung, vom Wein über Obstsaft bis hin zu den Käsen.

Madonna oder Faschingsfratze – die Holzschnitzer im Ahrntal haben gelernt, ihre Kunst an der Nachfrage zu orientieren.

Im Handwerk (eingeschlossen das starke Kunsthandwerk) sind über 12 000 Betriebe registriert, in der Industrie 1600, davon allerdings gerade ein Viertel mit mehr als zehn Beschäftigten. Ein Vorteil dieser kleinteiligen Struktur liegt auf der Hand: Sie bietet Landschaftsplanern die Chance, die Betriebe in den neuen Entwicklungszentren, auch in den Nebentälern, zu ›verstecken‹.

Sommerfrische, Wintersport

Die Seele baumeln lassen inmitten bunter Bergwiesen, beim Wandern tief Luft holen und Stress abstreifen – das alles kann man heute noch in Südtirol haben. In Meran kann man nahtlos an die Kurtradition des europäischen Adels anschließen, gleichzeitig aber hat sich Südtirol aufgerüstet für den jüngeren, aktiveren Urlaub. Aufwendige Infrastrukturen für Aktivitäten bis hin zu den gewagten Extremsportarten sind selbst in kleineren Orten zu finden. Fitness ist angesagt in den Saunen und Krafträumen der Hotels wie unter blauem Himmel. Mountainbiker stürzen sich die Hänge hinunter, Drachenflieger steigen wie Ikarus in die Lüfte, Paraglider wagen den kontrollierten Sturz ins Tal. Auch auf dem Wasser wird es turbulenter: Zu den Surfern und Seglern auf den Seen haben sich auf den reißenden Flüssen längst Nervenkitzel wie Hydrospeed und Rafting etabliert für die, denen der Kick im Wildwasserkajak nicht mehr ausreicht. Dass auch Anglern, Radwanderern, Reitern, Golfern und Tennisspielern Möglichkeiten zuhauf geboten werden, gehört zur Vollständigkeit wie die Wände für Bergsteiger, die Loipen für Skilangläufer und der ganze Zirkus des alpinen Wintersports, notfalls von Batterien von Schneekanonen aktiv unterstützt.

Geschützter Reichtum Natur

Wo fast alles paradiesisch anmutet, ist ein Konflikt zwischen Natur und Wirtschaft unausweichlich – auch in Südtirol geht er nicht immer zu Gunsten der Landschaft aus. Der starke Transitverkehr und der Massenandrang von Touristen haben mittlerweile zur Einsicht geführt, dass der sorgsame Umgang mit Boden und Wasser Vorrang haben muss, soll dieses Paradies nicht sterben – und damit die Quelle des Reichtums. So gibt es heute den ausgedehnten Nationalpark Stilfser Joch, dazu sieben Naturparks (ein achter ist geplant) mit 123 970 Hektar Fläche, das sind fast 17 Prozent der Fläche Südtirols. Rettung für Flora und Fauna bedeuten daneben die Initiativen der Gemeinden, die mit eigenen Landschaftsplänen bis zu 30 Prozent ihrer Flächen schützen. Betreut werden zudem mehr als 150 Biotope und 700 Naturdenkmäler, von Wasserfällen und Bergseen bis zu einzelnen Bäumen. Der Ausbau von Seilbahnen und Bettenkapazität soll nur noch maßvoll erfolgen; dagegen werden gerade in den letzten Jahren große Anstrengungen beim Bau von Klär- und Entsorgungsanlagen sowie der Schaffung einer kontrollierten Müllbeseitigung unternommen. Für Spaziergänger und Wanderer gilt die strenge Regel, den Abfall wieder mitzunehmen, der vom Picknick im Grünen übrig bleibt, und von geschützten Pflanzen und Mineralien die Finger zu lassen.

Kleine Weinkunde

Nur neun Prozent der Fläche Südtirols liegen unterhalb von 800 Metern: Dort gedeihen auf 4900 Hektar die von 2000 Sonnenstunden im Jahr verwöhnten Weine. Ihre

Schnee marsch! 70 Prozent aller Abfahrtspisten in Südtirol können mit Hilfe von Schneekanonen künstlich präpariert werden.

Qualität ist fast durchweg hervorragend: 80 Prozent der Flaschen tragen das DOC-Prädikat; in Italien ist das ein einsamer Spitzenplatz. Insgesamt werden 22 Rebsorten angebaut – Weltruf hat der hier heimische Gewürztraminer –, meist noch in Form der laubengang-ähnlichen ›Pergeln‹. Diese traditionelle, zur Handarbeit zwingende Dressur wird aber zunehmend durch moderne Rebenstützen ersetzt, die ein anderes Landschaftsbild bringen.

Knapp zwei Drittel der Weine sind rot, voran der Vernatsch, der in hellem Granatrot im Glas schimmert. Die Böden sind unterschiedlich, was vielfältige, meist gut durchgegorene, trockene und säurearme Weincharaktere entstehen lässt. Aus dem Vernatsch haben gute Kellermeister in den letzten Jahren beste Qualitäten herausgeholt, doch bieten Weißweine wie der Terlaner hinsichtlich der Spitzenqualitäten vielleicht noch mehr Potenzial.

Aus Tramin an der Weinstraße stammt der Gewürztraminer. Einmal im Jahr testen Fachleute den neuen Jahrgang.

Brixen ist eine Kunststadt von Bedeutung. Restauratoren, hier im Domkreuzgang, kümmern sich um den Erhalt einiger der wertvollsten Wandmalereien des Alpenraums.

Ferienklassiker in immer frischen Farben

Wer das Eisacktal kennen lernen will, muss schnell raus aus der Autoschlange, in die er sich am Brenner eingereiht hat. Nur so erhält man freie Sicht auf diese gewundene Tallandschaft, in der die Städte und Dörfer ihr Auskommen mit Eisen- und Autobahn gefunden haben. Und in den Seitentälern findet man Sonnenterrassen mit Weilern, die ein Riese aus seinem Sack verloren haben könnte. Geschichte wird allerdings nur im Tal geschrieben, in Orten wie Sterzing, Brixen oder Klausen. Auch das Gold der Händler ist hier hängen geblieben, wo es seit alters auch in Kunst und Kultur umgesetzt wird.

△ Sterzings Wahrzeichen: der Zwölferturm

△ In der Sterzinger ›Neustadt‹: St. Nepomuk vor gotischen Lauben

In der Deutschordenskommende steht der Multscher-Altar, … ▽

△ … hier die Tafel ›Mariä Verkündigung‹

Für eine Burg ein vergleichsweise behaglicher Raum: der Grüne Saal auf der Deutschordensfeste Reifenstein ▽

Den Süden vor Augen und die Passhöhe der Brenner-Autobahn im Rücken, geben die meisten Urlauber Gas. Und merken dabei nicht einmal, dass sie auf ihrem Betonband blindlings durch den hoch gelegenen Vorgarten des Landes jagen. Sternförmig laufen hier die grünen Seitentäler des von Dreitausendern gesäumten Wipptals, wie das obere Eisacktal auch heißt, vom Sterzinger Talboden bergan. Saftige Wiesen, eine Weile begleitet von eingestreuten Wäldern, ziehen sich hinauf in die hochalpine Bergwelt der Zillertaler, Stubaier und Ötztaler Alpen.

Jenseits der funktionalen Hässlichkeit des Passübergangs wird es im Gegensatz zu den literarischen Erinnerungen eines Herrn Goethe keineswegs italienisch – weder nach Land noch nach Leuten. Aber auf der Südseite des Alpenhauptkamms scheint die Sonne den Menschen aus dem Norden wärmer. Hendrik Ibsen jedenfalls, der norwegische Dramatiker, soll sich in Gossensass, heute im Schatten des Autobahnviadukts gelegen, 1889 überaus wohl gefühlt haben. ›Bachmandel‹ nannte man ihn wegen der Ausdauer, mit der er die tosenden Strudel des Pflerscher Bachs beobachtete. Genau genommen war aber auch seine Kur-Zeit eine künstliche Idylle. Eine Episode für eine Gegend, in der die Flüche und Peitschen der Fuhrleute beim Aufstieg zum Brenner den Rhythmus des Tagwerks bestimmten – über Jahrtausende.

Silberrausch in Sterzing

Vipiteno steht auf den Autobahnschildern, daneben Sterzing, der deutsche Name, der in das Auf und Ab der Geschichte dieser bemerkenswerten Stadt führt: Herbergsstadt zu Römerzeiten, Station am Handelsweg zwischen Venedig und Süddeutschland, im Mittelalter Minenstadt mit allen ›Serviceleistungen‹ für die Bergleute. Knapp 2000 Einwohner gab es damals – und um die 10 000 Bergknappen.

Sie holten Silbererz aus den umliegenden Gruben. Sterzing bescherte das Reichtum und schon bald nach 1400 eine ›Neustadt‹ mit spätgotischen Bürgerhäusern, geschützt von einem Mauerkranz. Denn Geld gab

△ Mareit: Dorfkirche und Schloss Wolfsthurn

Weißer Marmor: die Gilfenklamm im Ratschingstal ▽

△ Im Ridnaunbach kann man die Granate finden, ...

△ Heute schuften nur noch die Pappkameraden: Schaubergwerk Maiern am Schneeberg

△ … die bei Josef Zössmayr in Mareit zu Schmuck verarbeitet werden

Ein ruhiges Ferienziel: Blick über das Ridnauntal ▽

es reichlich – auch für Künstler wie den Ulmer Hans Multscher, dessen meisterlicher Altar aus jener Zeit in einigen Tafeln erhalten blieb. In der Deutschordenskommende, vor der Stadt in grüner Wiese gelegen, werden sie gezeigt.
Und Sterzing heute? Es bleibt, was es immer war: eine Stadt am Wege, mit der wohl schönsten Einkaufsstraße Südtirols. Und mit Sinn für Kommerz ebenso wie für die Kunst.

Die Burg des Münzreichen

Der Bergsegen aus den Tälern rund um Sterzing, voran dem Ridnauntal, hatte unterschiedlichen Klang: hell das Silber, dumpfer das Blei; dazu gab es Kupfer, Zink, Eisen. Und all die Knochenarbeit, die bei der Bergbaukunst nun einmal dazu gehörte. Im Museum in Maiern am Schneeberg ist all das anschaulich dokumentiert und nacherlebbar in einem Schaustollen. Wer es noch genauer wissen will, muss schwitzen auf dem Weg ins alte Knappendorf St. Martin auf 2355 Metern: Zurück geht es ein Stück durch einen sechs Kilometer langen Stollen, zu Fuß und per Grubenbahn.
Wer wurde reich am Sterzinger Silber? Die Fugger aus Augsburg – aber nicht allein. Auch andere Herren der Welt verdienten prächtig, doch rann ihnen das Geld schneller durch die Finger. Etwa Fürst Sigismund, dem ›Münzreichen‹, der zur Deckung von Schulden gar seine eigene Burg verscherbeln musste. Der Feste, Reifenstein genannt und im heute trockenen Sterzinger Moos gelegen, tat der Besitzerwechsel indes gut: Die neuen Herren, anspruchsvolle Deutschordensritter, gaben ihr ein wohnlicheres Gesicht – Ritterromantik mit Türmen, Zinnen, Zugbrücken. Und einen Grünen Saal mit Fresken, die in grandioser Bildreportage mittelalterlichen Zeitvertreib dokumentieren.

Ein marmornes Bachbett

›Steinreich‹ ist die Gegend auch in anderer Hinsicht: Im Ridnaunbach findet man noch Granate, die in silbrigem Glimmergestein eingeschlossen sind. Mineralienschleifer bearbeiten sie nach Wunsch – ein nicht alltägliches Souvenir.
Ein echter Wirtschaftsfaktor ist auch der seit dem 15. Jahrhundert hier ge-

△ Noch immer die höchsten Türme der Stadt: die Brixener Domkirche Mariä Himmelfahrt

△ Bilderbibel: Arkade im Brixener Domkreuzgang

Schindeln und Zinnen: Brixens Rathaus ▽

△ In jedem Bogen der Brixener Lauben befand sich früher eine Werkstatt oder ein Laden

Fast schon eine Institution ist das Restaurant-Café ›Fink‹ an den Kleinen Lauben in Brixen ▽

brochene, ungewöhnlich weiße Marmor. Seine feine Körnung machte ihn zum beliebten Baumaterial – für Schloss Schönbrunn oder die Innsbrucker Hofkirche und für Standbilder wie das des jungen Mozart in Wien. Zu Tage tritt der weiße Marmor in den Brüchen am Südhang des Mareiter Steins. Und im benachbarten Ratschingstal hat der Wildbach die Gilfenklamm in den weißen Untergrund gesägt. Über 175 Höhenmeter stürzt er spektakulär zu Tal.

Michael Pacher in Neustift

Kurz vor Brixen tauchen die ersten Weinberge auf – die nördlichsten südlich der Alpen. Mittendrin: Kloster Neustift, ein Schatzhaus der Kunstgeschichte. Spätromanische Fresken, Gewölbefiguren von Michael Pacher, im Hof ein die Sieben Weltwunder abbildender Brunnen, eine spätbarock ausgestattete Stiftskirche, der Rokokosaal der Bibliothek – all das bestätigt die Rolle des Klosters als Kulturzentrum über die Jahrhunderte. Und die einer Glaubensfestung: Den schnellen Umbau ihrer gerade frisch gotisierten Anlage zu einer wahren Gottesburg bescherte den frommen Brüdern einst die Angst vor den Türken, die 1476 ganz Europa in Atem hielt. Allerdings, auch nach dem Umbau hätte Neustift wohl nie einer einzigen osmanischen Kanone standgehalten.
Dafür aber bot die Abtei dem genialen Michael Pacher, der wie viele Künstler gut von den Aufträgen der Klöster und Kirchen lebte, die rechte Bühne. Pacher, um 1430 geboren, kam aus der ›Pustertaler Schule‹, der bereits mit Hans von Bruneck ein exzellenter Maler entstammte. Angeregt durch die italienische Malerei brach Pachers Kunst mit der erstarrten Kunstauffassung der Gotik, wie sie in Brixen noch herrschte. Aus der statuettenhaften Aufreihung der Figuren entwickelte er szenische Darstellungen, in die räumliche Tiefe einzog – so wie auf einer Bühne. Seine Altäre, Schnitz- und Bildwerke gehören zum Eindrucksvollsten, was in Südtirol an Kunst entstanden ist.

Brixen, Kleinstadt von Welt

Von der Einwohnerzahl her ist Brixen mit seinen 17 500 Bürgern eher eine Kleinstadt. Aber wer die

△ Malerisch: St. Johann im Villnößtal vor den Geislerspitzen

Verschwenderisch: Kaminzimmer auf Schloss Velthurns ▽

Heimat der Wolkensteiner: die Trostburg bei Waidbruck ▽

△ In der Ortsmitte von Klausen: Früher führte die Staatsstraße mitten durch den Ort

△ Aufstellung zum Gruppenbild ... ... und Aufwärmen für die nächste Runde: auf der Plose, Brixens Hausberg ▽

Altstadt mit dem Dombezirk und der Bischofsburg erkundet, der ahnt, was fürstbischöfliche Herrschaft einmal bedeutet hat. Heute muss die älteste Stadt Tirols auf den Bischof verzichten, der längst in Bozen amtiert. Geblieben ist die Renaissance-Hofburg mit dem Diözesanmuseum. Geblieben ist auch das dichte Leben in der Altstadt, die einem größer vorkommt als sie ist. Weil so viel zu finden ist: die Großen Lauben mit ihren Erkern und Arkaden, am Eck zu den Kleinen Lauben der ›Wilde Mann‹, der beide Gassen und das Säbener Tor im Auge behält, oder der Dom mit einem einzigartigen Kreuzgang. Fleiß und Kunstfertigkeit haben hier aus 15 der 20 Kreuzgangsarkaden einen gotischen Bilderbibel-Zyklus ohne jedes gestalterische Programm gemacht. Bekannt ist die Darstellung des Elefanten, nicht weniger skurril aber auch der Lasterkatalog mit Adam und Eva.

Terrassen mit Dolomitenblick

Die Auszeichnung als eines der besten Skigebiete Italiens hat dem Hausberg der Brixener, der Plose, gut getan. Moderne Kabinenbahnen und Schlepplifte bewältigen den Andrang meist spielend. Auf den auch für Snowboarder geeigneten Pisten geht es recht ruhig zu – wenn nicht gerade Fasching ist. Dann addieren sich Höhenluft und Schampus zu wirksamen Spaßmachern. Grandios ist in jedem Fall der Blick über Eisack- und Pustertal, auf die Geislerspitzen und die Kämme zwischen Zittertaler und Ötztaler Alpen.
Zu den schönsten Aussichtspunkten über der Eisack gehört aber auch der Säbener Felsen hoch über Klausen. Aber Achtung: Nur zu Fuß ist der ungemein reizvolle Aufstieg aus den mittelalterlichen Gassen über Burg Branzoll hinauf zum Kloster zu bewältigen – Lifte gibt es nicht. Doch die Mühe lohnt: Wer durch die Wiesenlandschaft auf der Hochterrasse über dem Eisacktal weiter nach Feldthurns läuft, wird mit immer neuen Traumblicken auf die Dolomiten jenseits des Flusses belohnt. Müde Wanderer (und muntere Zecher) bringt am Ende des Tages der Bus sicher zurück – eine Möglichkeit, die es dank guter Verbindungen fast überall in Südtirol gibt.

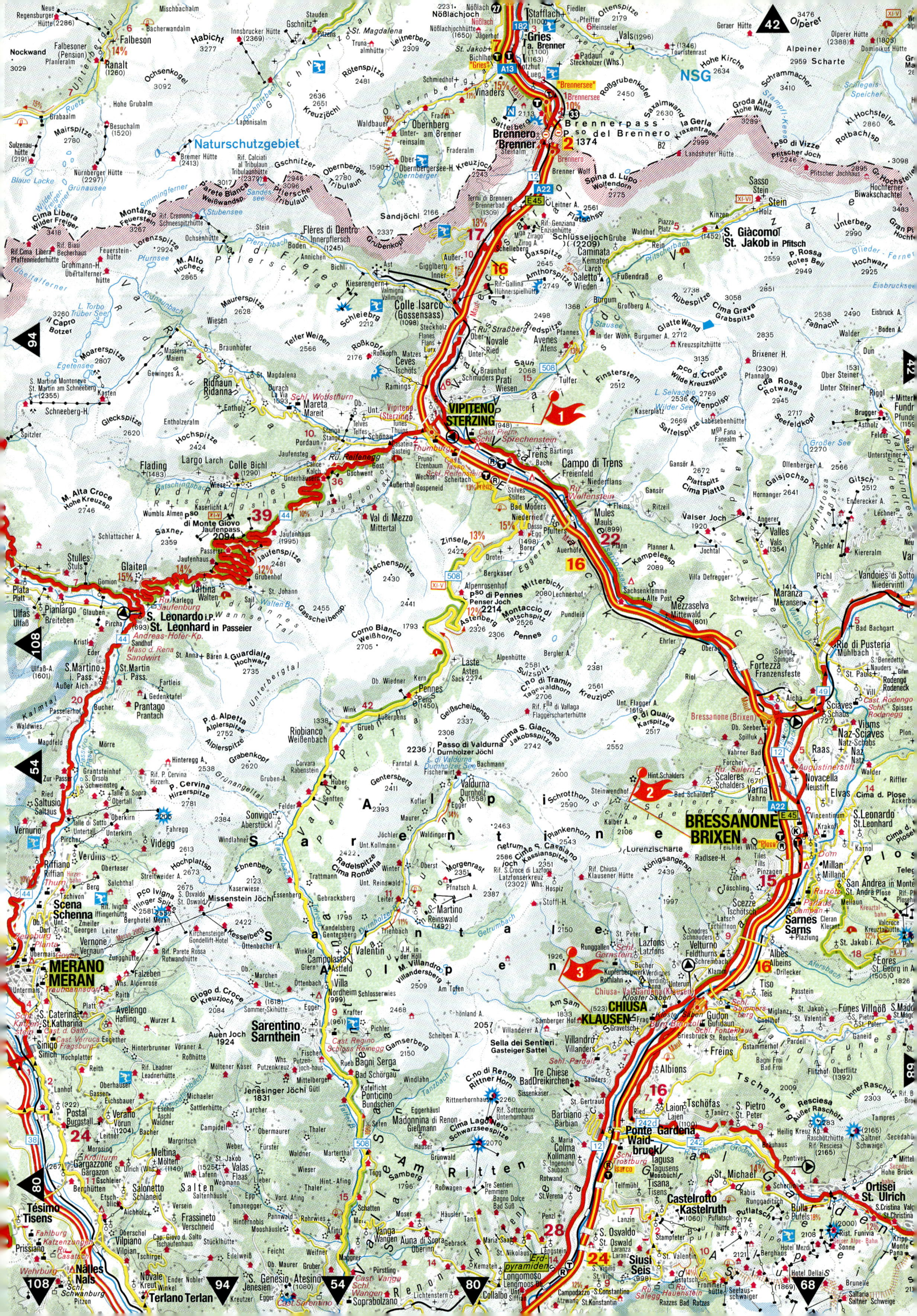

Gries a. Brenner
Brennerpass
P.so del Brennero
1374
Brenner
Brennero
Naturschutzgebiet
NSG
42
94
108
54
80
68
Colle Isarco (Gossensass)
Vipiteno
Sterzing
Campo di Trens
Freienfeld
Mules
Mauls
Fortezza
Franzensfeste
Rio di Pusteria
Mühlbach
Bressanone
Brixen
Chiusa
Klausen
Ponte Gardena
Waidbruck
Castelrotto
Kastelruth
Ortisei
St. Ulrich
Siusi
Seis
S. Giacomo
St. Jakob in Pfitsch
S. Leonardo i.P.
St. Leonhard in Passeier
Merano
Meran
Scena
Schenna
Sarentino
Sarnthein
Sarnes
Sarns
Renon
Ritten
Terlano Terlan
Nalles
Nals
Tesimo
Tisens
Passo di Monte Giovo
Jaufenpass
2094
Penser Joch
Passo di Pennes
2214
Sella dei Sentieri
Gasteiger Sattel
Scaleres
Schalders
Velturno
Feldthurns
Barbiano
Barbian
Laion
Lajen
Valles
Vals
Naz-Sciaves
Naz-Schabs
Rodengo
Rodeneck
Varna
Vahrn
Albes
Albeins
A22
A13
E45
12
16
22
15
24
28
36
39
42
44
508

Wo gibt es was?

Fähnchennummer = Textnummer ⓘ = Auskunft

Sterzing (Vipiteno) ①

Die 5600-Einwohner-Stadt ist der Hauptort des oberen Eisacktals. Die Hügel im Umkreis, die heute Burgen tragen, waren schon in vorgeschichtlicher Zeit besiedelt; im Tal legten die Römer später ein Kastell an. Der lukrative Silberbergbau holte die Augsburger Fugger im 15. Jh. in die Stadt.

Sehenswert: Im Innenhof des Rathauses (1468–72) an der mittelalterl. Straße ›Neustadt‹ (Fußgängerzone) mit Bauten meist aus der Spätgotik (Zwölferturm) erinnern Mithras-Stein und römischer Meilenstein an die Antike. Laubengänge unter Erkern und Treppengiebeln und alte Gasthausschilder erzählen von der Zeit, als sich der Transitverkehr durch den Ort quälte. Im Jöchlsturm (1468), Stadtturm und Ansitz zugleich, ist ein Teil des Südtiroler Bergbaumuseums untergebracht (Silberbergbau u. Mineralien; April–Okt. di–sa 10–12, 14–17 Uhr). Die Heilig-Geist-Spitalkirche am Stadtplatz birgt Fresken des Hans von Bruneck (um 1415). 1456–59 entstand der Altar des Ulmers Hans Multscher; vier Tafeln sind im Deutschordenshaus im Multscher-Museum zu sehen (südl. der Stadt, April–Okt. di–fr 10 bis 12, 14–17, sa 10–12, mo 14–17 Uhr). Die Ordenskommende selbst ist ein wuchtiges Anwesen nahe der alten Stadtpfarrkirche, in der Multschers Altar bis 1779 stand; sie schließt die spätbarocke Elisabethkirche mit ein.

Umgebung: Im Sterzinger Moos südl. der Stadt liegt Burg Reifenstein (um 1140, von Deutschrittern 1500–11 vergrößert) mit freskierten Sälen (Ostern–Okt. Führungen sa bis do 9.30–15 Uhr), auf der gegenüberliegenden Talseite Burg Sprechenstein (1240, um 1500 erweitert). Im Kern so alt wie die Burgen, hat mit dem Stafler Gasthaus ›Zum Einhorn‹ in *Mauls* (8 km südl.) ein typischer Fuhrmannsgasthof überlebt.

Hinter *Stange* (2 km westl.) liegt das **Ratschingstal** mit der in weißen Marmor stürzenden Gilfenklamm, im **Ridnauntal** bei *Mareit* (4 km westl.) Schloss Wolfsthurn, das einzige stilreine Barockschloss Südtirols, heute Landesmuseum für Jagd und Fischerei (April–Mitte Nov. di–sa 9.30 bis 17.30, so 14–18 Uhr). Im Ridnaunbach findet man Granate, die örtlich zu Schmuck geschliffen werden. Die Welt des (1985 eingestellten) Silberbergbaus lässt sich am Schneeberg bei *Maiern* (14 km westl.) unter Tage erleben (di–so 9.30–16 Uhr; Exkursionen in Bergmanns-Ausrüstung Tel. 656634); als Souvenirs gibt es frisch geprägte Silbermünzen. Im Ibsenmuseum im Rathaus von *Gossensass* zu (5 km nördl., Tel. 632372), ist der mehrfache Aufenthalt des Dichters Ende des 19. Jh. dokumentiert. Kurtradition hatte auch *Brennerbad* am Weg zum *Brenner* (17 km nördl.); nach einem Großbrand wurde es 1922 aufgegeben.

ⓘ Tourismusverein, Stadtplatz 3, Tel. 0472/765325, I-39049 Sterzing.

Brixen (Bressanone) ②

Bereits 901 gegründet, ist Brixen (17 500 Einw.) die älteste Stadt Südtirols. Seit jeher ist es auch Kunststadt, heute mit Kunst- und Musikschule; bis 1964 war es Bischofssitz und geistliches Zentrum des Landes. Im Mittelalter hatten die Fürstbischöfe, die hier residierten, den kaiserlichen Auftrag, den Krönungsweg nach Rom zu sichern. Die damals strenge Trennung zwischen Bürger- und Bischofsstadt spiegelt sich im Stadtgrundriss noch heute wider.

Sehenswert: Im Herzen der wohl schönsten Südtiroler Altstadt die doppeltürmige Domkirche Mariä Himmelfahrt (um 1200; Neubau 1745–54) mit wertvoller Barockausstattung (Deckenfresken v. Paul Troger; Marienstatue v. Hans Leinberger). Anschließend der roman.-got. Kreuzgang mit planlos übereinander gemalten, farbkräftigen Fresken (14./15. Jh.) in 15 (von 20) Arkaden, eine einzigartige Bilderbibel (Führungen mo–sa 10.30, 15 Uhr). Imposant das Renaissancepalais der Fürstbischöfl. Hofburg (1595–1610), heute Sitz des Diözesanmuseums, das als eines der weltweit größten seiner Art gilt (u.a. Krippensammlung mit rund 10 000 Figuren; Mitte März–Okt. di–so 10–17 Uhr, Dez./Jan. nur Krippen). Weiteres Wahrzeichen Brixens sind die noch mittelalterlich wirkenden Bummelgassen Große und Kleine Lauben (Via dei Portici) und dort zu findende Traditionsgasthöfe wie ›Fink‹ oder ›Finsterwirt‹.

Umgebung: Den Elefanten aus dem Domkreuzgang (zugleich Wahrzeichen des bekanntesten Brixener Hotels) begegnet man auch in der Nikolauskirche von *Klerant* (4 km südöstl.), weiteren Fresken aus der Brixener Schule in *Mellaun* (3 km südöstl.). Oberhalb Brixens wirkt die *Franzensfeste* (9 km nördl.), von Österreichern 1833–39 erbaut, aber nie im Kampf erprobt, wie ein düsteres Gegenbild zum Augustinerkloster *Neustift*, das links der Eisack bei *Vahrn* (ca. 3 km nördl.) in den Feldern liegt. 1142 gegründet, 1200 in Stein neu gebaut, war es ab 1411 Wohnsitz des Oswald v. Wolkenstein (gest. 1445). Zum Ensemble gehören Hospiz, Engelsburg (Rundkapelle), Stiftsbibliothek mit dem schönstem Rokokoraum und Stiftskirche mit der schönsten Barockausstattung im Land (Führungen April–Okt. mo–sa 10–16, Nov.–März 10–11 Uhr).

Veranstaltungen: Skifasching ›Häppi Plose‹; im Juli/Aug. Sommerkonzerte (do, so); Juli–Sept. Klassik-Konzerte im Dom; Anf. Okt. ›Kuchl-Kirchtig‹ mit Wanderungen und Einkehr in urigen Gasthäusern; im Advent großer Weihnachtsmarkt.

Sport: Wintersport (87 km Piste, 307 km Loipe) u. Wandern auf dem Hausberg *Plose* (2507 m, Lifte ab St. Andrä); Paragliding und Drachen fliegen (›Flying Ducks‹, Tel. 833834); Frei- und Hallenbad, Kanuverleih.

ⓘ Tourismusverein, Bahnhofstr. 9, Tel. 0472/836401, I-39042 Brixen.

Klausen (Chiusa) ③

Der vom Durchgangsverkehr befreite Ort unterhalb der Autobahn besitzt eine malerische Hauptstraße voller Gasthöfe – und viel Tradition: Von der ›Klause‹ zur Zollstätte (mit Burg Branzoll) erhoben, wurde es im 19. Jh. Künstlerkolonie, als man den Vogelweider Hof in *Lajen* (6 km südl.) als Heimat des Minnesängers Walther von der Vogelweide (1170–1230) erkannt zu haben glaubte. Zudem trug ein Kupferstich Dürers zur Berühmtheit Klausens viel bei.

Sehenwert ist neben dem im 17. Jh. vom spanischen König gestifteten Loretoschatz (Stadtmuseum; April–Nov. di–sa 10–12, 16–19 Uhr) das im 6. Jh. auf dem ›Heiligen Berg‹ über Klausen gegründete Benediktinerkloster *Säben*. Es war bis ins 10. Jh. Bischofssitz; die barock geprägte Architektur der vier Kirchen der Anlage entstand allerdings lange nach der Blüte des Klosters (Führung nach Anm. Tel. 847424).

Umgebung: Ein Netz schöner Wege verbindet die umliegenden Weiler und Dörfer. Südwärts führt eine kurvenreiche Straße nach *Villanders* (6 km südl.) mit stattlichen Höfen, zwei von Mauern umgebenen Kirchen und dem alten Ansitz ›Steinbock‹ (Gasthof). Über *Barbian* (5 km südl. Klausen) führte die älteste Brennerroute noch zu Römerzeiten zum *Ritten* und sparte so das unterhalb gelegene, damals unzugängliche Stück des Eisacktals aus. Zum Weiler *Bad Dreikirchen* (2 km nördl. Barbian) mit drei schindelgedeckten Kirchlein (gotische Fresken, Flügelaltäre) geht es bis heute nur zu Fuß.

3 km nördlich Klausens liegt in *Feldthurns* mit Schloss Velthurns die 1983 renovierte Sommerresidenz der Fürstbischöfe (Führungen März–Nov. di–so 10–15.30 Uhr). Gegenüber öffnet sich bei *Gufidaun* nach Osten das **Villnößtal**; dort steht mit dem Kirchlein St. Johann auf Ranui vor dem Panorama der Geislerspitzen eine der meistfotografierten Südtirol-Ansichten.

Über der Einmündung des Grödnerbachs in die Eisack steht bei *Waidbruck* (7 km südl.) die *Trostburg* am Hang. 600 Jahre war sie Sitz der Wolkensteiner; der Vater des dichtenden Ritters Oswald gewann sie 1370 durch Heirat. Die Festung dient auch als Museum: Sie beherbergt eine Sammlung von rund 100 Modellen Südtiroler Burgen (Führungen Ostern–Okt. di–so 11–15 Uhr).

Veranstaltungen: Fronleichnamsprozession in Klausen (nicht touristisch); Gassl-Fest im Sept. (in ungeraden Jahren); Törggelen in den Buschenschenken (Eisacktal und Überetsch – S. 81 – sind die Hochburgen dieser Weinverkostung).

Aktivitäten/Sport: Freibäder in Klausen u. Feldthurns; Wandern in den *Sarner Alpen*, Eis laufen in Feldthurns u. Villnöß; dort auch Drachen fliegen u. Paragliding, Tel. 840268; Rundlaufloipen auf der Villanderer Alm.

ⓘ Tourismusverein, Tinneplatz 6, Tel. 0472/847424, I-39043 Klausen.

Maßstab 1:200.000 (0 2 4 6 8 10 km)

Traumkulisse im Sextental: Die Bergstation Rotwand liegt direkt gegenüber der Koflergruppe.

Links ab ins Pustertal – und sachte bergan

Das Pustertal mit seinen so unterschiedlichen Nebentälern ist nie wirklich ›in‹ gewesen, weder bei Militärs, noch bei Kaufleuten oder Missionaren. Weil die Richtung nicht stimmt: Es verläuft nicht in Nord-Süd-, sondern parallel zum Alpenhauptkamm in Ost-West-Richtung, und damit konnten weder Kaiser noch Fugger viel anfangen. Den ins breite Tal gelagerten Siedlungen – St. Lorenzen, Bruneck, Toblach – sicherte das eine Ruhe, von denen die engen Transittäler nur träumen. Dabei erreicht man eine der schönsten Berglandschaften überhaupt übers Pustertal durch die Hintertür: die Dolomiten.

△ Bei der Heuernte kann man vom Hotelfenster aus zuschauen: die Sonnenburg bei St. Lorenzen

△ Bizarr: Erdpyramiden bei Terenten

△ Tracht ist Pflicht beim Dorffest: Meransen bei Mühlbach

Sie funktioniert noch: Mühle bei Terenten ▽

Gut in Futter: Schwarzbunte bei Terenten ▽

Das Äußere verrät nicht das spannende Innere: Auf Rodenegg kämpft Iwein gegen Askalon ▽

Ein wenig behäbig im Vergleich zu vielen anderen, von Wildwassern durchtobten Talschluchten Südtirols mag einem das Pustertal schon vorkommen. Wein wächst in dem klimatisch ein wenig herben Hochtal nicht; dafür ist es grün von Wiesen und vor allem von Wäldern, die sich an den Südhängen dicht und schattig zeigen. Fast unmerklich steigt die von der Rienz durchflossene Talsohle über gut 70 Kilometer bis zur Wasserscheide bei Toblach von 800 auf 1200 Meter an. Ohne eine Passhöhe überwinden zu müssen, geht es dann mit der jungen Drau weiter nach Osten, Österreich und der Donau entgegen. Die Weite des Tals hat die Dörfer stattlich werden lassen, und die Seitentäler, die tief in die Zillertaler Alpen und die Dolomiten hineingreifen, bringen eine unvermutete klimatische und kulturelle Vielfalt.

Fresken, Mühlen, Pyramiden

Ein erster Höhepunkt findet sich gleich hinter Mühlbach, einem alten Stapel- und Marktort. Auf einem Sporn über dem Fluss hatten die Herren von Wolkenstein Burg Rodenegg zum wohnlichen Renaissance-Schloss ausgebaut – es brannte 1694 bei einem Feuerwerk ab. Verschont blieben Wandmalereien, die auch den Wiederaufbau überstanden und 1972 entdeckt wurden. Sie zeigen den Kampf des Artus-Ritters Iwein gegen König Askalon. Wenig aufregend mögen sie dem Laien erscheinen, berühmt zu sein, steht ihnen dennoch zu: Um 1200 gemalt, sind sie die ältesten profanen Fresken der Romanik in Europa.
Auf der anderen Talseite gelangt man von Niedervintl in das stille Pflunderer Tal, dessen Berghöfe an steilen Hängen in den Himmel gebaut scheinen. Niedervintl kann aber auch am Anfang einer Tour über die Sonnenterrasse unterhalb der Pflunderer Berge stehen, mit freien Ausblicken zu den Dolomiten. Und mit dem fast schon körperlichen Erleben mächtig drehender Wasserräder und mahlender Steine: Hier verläuft der Pustertaler Mühlenrundweg, und wenn die Schneeschmelze die Bäche anschwellen lässt, lohnt er sich besonders. Je nach Streckenführung kommt man

△ Bauerngärten wie einst im Freilichtmuseum Dorf Dietenheim

Spiegel der Rieserfernergruppe: der Antholzer See ▽

△ Auch Bruneck hat seine Lauben: die Stadtgasse

△ Christophorus wacht über der Tür: St.-Walburg-Kirche in Antholz-Niedertal

Typische Gehöfte im Antholzer Tal ▽

an urigen Jausenstationen vorbei und gelangt neben den vielen Mühlen auch zu den Erdpyramiden von Terenten. Wer die (berühmteren) Pyramiden am Ritten über Bozen nicht kennt, sollte hier die Einladung zum Staunen über ein seltsames geologisches Phänomen nicht ausschlagen.

Sturheit und Eifer

Bei St. Lorenzen am Eingang zum ladinischen Gadertal steht die uralte Burg- und Klosteranlage der Sonnenburg. In einer kühnen architektonischen Lösung ist sie ein Komforthotel geworden. Wer das in die Schlosskapelle integrierte Hallenbad sieht, vergisst leicht, dass hier die Christianisierung des Pustertals begann. Und dass sich im 15. Jahrhundert ein blutiger Streit an der Frage entzündete, ob und wie das nach dem Geschmack des Brixener Bischofs Nikolaus Cusanus von der Äbtissin Verena von Stuben zu lasch geführte Kloster zu reformieren sei. Unbeugsamkeit praktizierte auch jener Jakob Huter aus St. Lorenzen, dessen Anhänger bis heute in den USA als ›Hutterer‹ ihre strenge Auffassung vom Leben in Gütergemeinschaft verwirklichen. Ein wenig hilft ihnen sicher die Erinnerung an das Märtyrertum ihres Spiritus Rector dabei: Festgenommen in Klausen, wurde Jakob Huter 1536 in Innsbruck verbrannt.

Bruneck: Erfolg im Fernhandel

Zeitlos modern wirkt, wie Fürstbischof Johannes II. Sax im Jahre 1305 den Bruneckern zehn Jahre Steuerfreiheit garantierte und im Gegenzug ihre Mithilfe beim Ausbau der Stadt erreichte. Das Stadtbild des mit rund 12 000 Einwohnern größten und wichtigsten Ortes im Pustertal spiegelt diese mittelalterliche Entscheidung reizvoll wieder. Die Enge der Altstadt zwischen Fluss und Burgberg sorgte dafür, dass alle Kirchen außerhalb der Mauern entstanden, und die reich geschmückten Tore und Häuser verraten, wie erfolgreich die Brunecker ihr Geschäft am Fernhandelsweg zwischen Venedig und Süddeutschland betrieben haben. Der Kupferbergbau im Ahrntal trug zu ihrem Reichtum genauso bei wie die frühe Eisenbahnerschließung des Tals.

△ Hier schlief die Herrschaft: eines der Gemächer auf Taufers

△ Alte Künste: Spitzenklöppeln … … und Heuhocken bauen ▽

△ Zum Dorffest muss der Michlbaum stehen: Teamwork im Ahrntal

Training für die Eskimorolle: Wildwasser Reinbach ▽

Burg Taufers wurde in den 1950er-Jahren gründlich restauriert. Seitdem ist sie eine der meistbesuchten Burgen Südtirols ▽

Eindrucksvoll demonstriert das Museum für Volkskunde im nahen Dorf Dietenheim, wie das Leben im Brunecker Raum einst ablief. Bauweisen, Sozialstrukturen, Handwerk, Technik und Brauchtum werden vorbildlich vorgestellt und erläutert, außerdem die alte Bauernkultur, die aber auch jenseits des Freilichtmuseums lebendig blieb. Die modischen Produkte der Veredelungskette von der Schafzucht zur Tuchherstellung und vom fast schon vergessenen Flachsanbau zum Wirken feinen Leinens hin haben jedenfalls ihre feste Kundschaft. Manch einer reist gar von weit an. Am besten mittwochs, weil er dann noch auf den Kräutermarkt kann.

In die Welt der Täler

Im Winter, wenn im bis in die Tallagen schneesicheren Pustertal das Langlauffieber ausbricht, findet man die Brunecker und ihre Gäste auf dem kahlen Gipfel des Hausbergs. Von drei Seiten werden Skifahrer mit Aufstiegsanlagen auf den Kronplatz (2272 Meter) befördert. Zu jeder Jahreszeit gibt es von dort einen fantastischen Rundblick über die Stadt und auf die umliegenden Bergketten, vor denen bei guter Aerodynamik Drachensegler ihre weiten Kreise ziehen.
Nördlich von Bruneck öffnet sich das Tauferer Tal, in das drei sehr unterschiedliche Täler münden: das steil ansteigende Mühlwalder Tal, das Reintal (mit Südtirols bedeutendsten Wasserfällen) und das Ahrntal. Noch bevor man Sand in Taufers erreicht – mit der obligaten, trutzigen Burg über der Stadt –, lohnt der Weg hinauf zu den Lanebach-Höfen bei Uttenheim. Kein Bauer, so der Volksmund, stirbt dort im Bett: Wer nicht von der Lawine mitgenommen wird, den erschlägt das Holz, oder er stürzt ab.

Klöppeln und Schnitzen

Von Sand in Taufers steigt die Straße durch das zuerst schluchtartig enge Ahrntal schnell hoch. Zeigen sich Dörfer wie Steinhaus oder Luttach noch stattlich, werden die Orte zum Talschluss hin bescheidener. In Prettau und Kasern erinnern Schaustollen und andere museale Einrichtungen an den Jahrhunderte langen Abbau von Kupfererzen. In Prettau endete er bereits Ende des

△ Schroffe Hochgebirgskulisse, für jedermann erreichbar: die Drei Zinnen in den Sextener Dolomiten

Romanik in reiner Form: Stiftskirche Innichen ▽

Gute Wanderbasis: Hotel ›Drei Zinnen‹ in Sexten ▽

△ Ist Wasser grün oder blau? Spaziergang am Pragser Wildsee

Toblach: Sommerfrische und, dank Gustav Mahler, Musikdorf ▽

19. Jahrhunderts, das Bergwerk von Kasern arbeitete bis 1971. Die traditionellen Kunsthandwerke des Spitzenklöppelns und des Maskenschnitzens haben diese Lücke ein wenig gefüllt. Beide Tätigkeiten werden heute durch Unterricht in zwei Fachschulen gefördert, wobei die Holzschnitzer zunehmend auch andere Motive mit ihren scharfen Messern aus dem Holz herausarbeiten. Die Touristen danken es ihnen.

Tal für Tal nach Toblach zu

Auch die anderen Seitentäler des Pustertals sind sehenswert: das ruhige Gsieser Tal mit seinen alten Höfen, davor noch das bei Olang abzweigende, an Muren reiche Antholzer Tal. Viele der durch diese Erdrutsche gestauten Seen sind heute Hochmoore, andere konnte man als Fischgewässer erhalten, und auch die Heilquellen haben einen guten Ruf. Bevor man dann Toblach erreicht, biegt rechter Hand das zweite, größere ladinische Seitental des Pustertals, das Pragser Tal, nach Süden ab. Auch hier kommt mit dem Quellwasser Gesundheit aus dem Boden, die dem Ort Alt Prags bereits 1490 eine Konzession eintrug; ob der alte Badeort an die Traditionen anknüpfen kann, ist jedoch seit langem ungewiss. Beim Wettbewerb um den schönsten Dolomitensee indes punktet der Pragser Wildsee hoch. An Sommertagen kann das zum Verkehrsinfarkt führen, im Herbst aber sind See und Tal wie früher: wunderschön.

Hintertür in die Dolomiten

Toblach war einst ein Bauerndorf, das sich in Alt-Toblach erhalten hat. Dann, spät im 19. Jahrhundert, wurde es Sommerfrische für den Jet-Set – und kam aus der Mode. Geblieben ist die ideale Lage am Rand der Dolomiten.

Mehr Charakter haben Innichen und seine ›Dom‹ genannte romanische Stiftskirche; von diesem uralten Klosterort aus sollten die weiter östlich lebenden Slawen missioniert werden. Heute ist Innichen Erholungs- und Wintersportort mit moderner Hotel-Infrastruktur. Viele Touren in die Dolomiten – zu den so oft abgebildeten und immer wieder magischen ›Drei Zinnen‹ etwa – starten von hier, sozusagen durch die Hintertür.

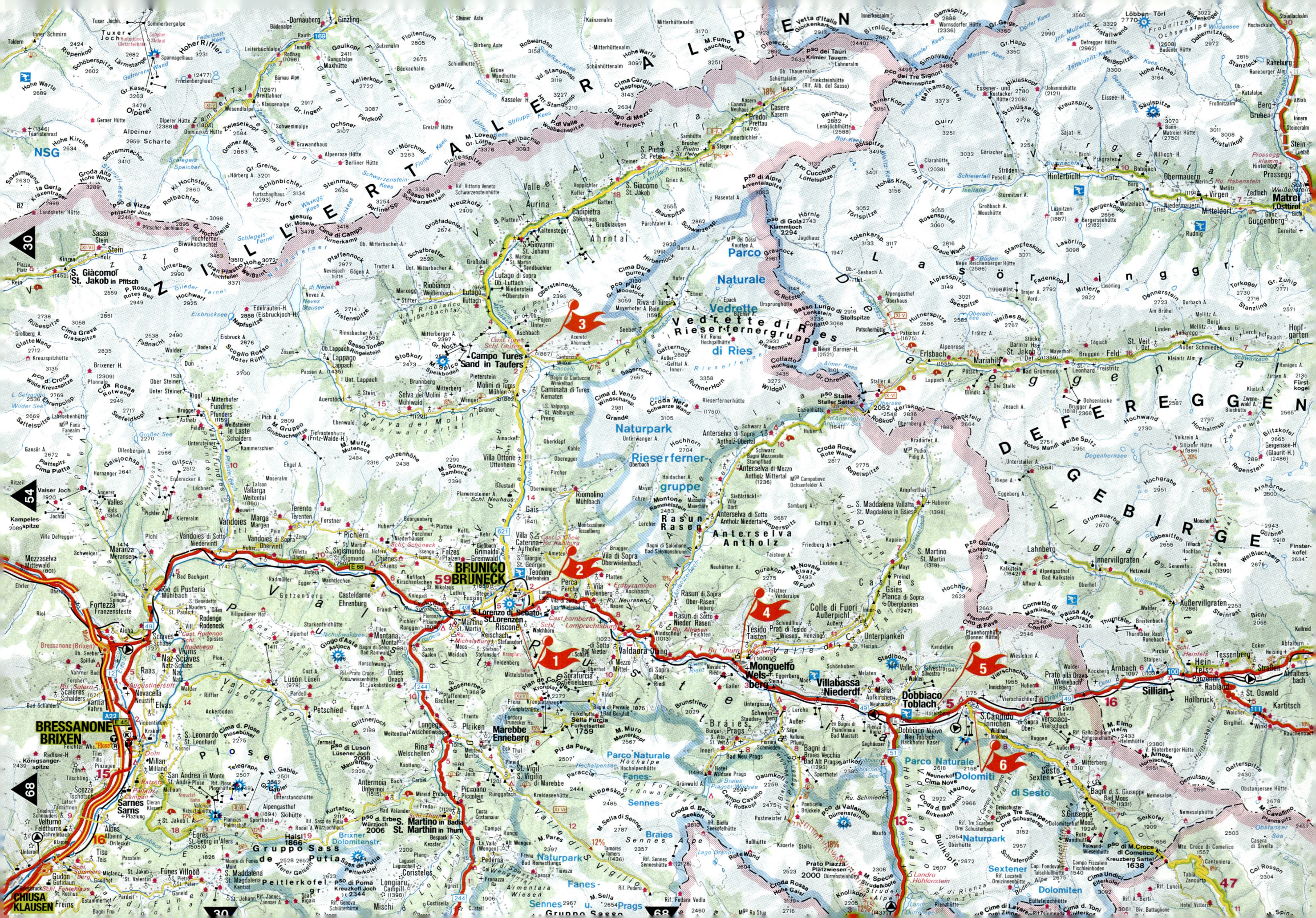

ZILLERTALER ALPEN
DEFEREGGEN
DEFEREGGER GEBIRGE
BRUNICO BRUNECK
BRESSANONE BRIXEN
CHIUSA KLAUSEN
Campo Tures Sand in Taufers
Dobbiaco Toblach
Villabassa Niederdorf
Monguelfo Welsberg
Sillian
Matrei i. Osttirol
Marebbe Enneberg
Parco Naturale Vedrette di Ries
Vedrette di Ries Rieserfernergruppe
Naturpark Rieserferner-gruppe
Parco Naturale Fanes-Sennes-Braies
Naturpark Fanes-Sennes-Prags
Parco Naturale Dolomiti di Sesto
Naturpark Sextener Dolomiten
Gruppo Sasso de Putia
Peitlerkofel
NSG
30
54
68
47
59

Wo gibt es was?

Fähnchennummer = Textnummer ⓘ = Auskunft

St. Lorenzen (San Lorenzo) ①

Markt- und Erholungsort am Eingang zum Gadertal (S. 69) mit römischer Vergangenheit (›Sebatum‹; Kopie eines röm. Meilensteins an der Staatsstraße). Nach mittelalterlicher Blüte geriet der Ort im 19. Jh. gegenüber Bruneck ins Hintertreffen.
Sehenswert: In der Pfarrkirche St. Laurentius (roman. Ursprung) die ›Traubenmadonna‹, Michael Pachers Meisterwerk und Teil eines 1462 fertig gestellten Flügelaltars. Jenseits der Rienz beim Weiler *Sonnenburg* die gleichnamige Stammburg der Pustertaler Grafen. Im 11. Jh. wurde sie Kloster für Benediktinerinnen; heute ist sie Hotel mit Ausstellungsraum und einer 1975 freigelegten Krypta mit alten Fresken (Führungen tgl. 10–18 Uhr). Im Ansitz Hebenstreit wird die alte Kunst der Leinenverarbeitung demonstriert (mit Verkaufsausstellung).
Umgebung: In *St. Sigmund* (5 km westl.) steht in der Pfarrkirche (1449–89) einer der ältesten (ca. 1430) Flügelaltäre Tirols; südl. Schloss Ehrenburg mit Barock-Festsaal und Kapelle (April–Okt., Tel. 565221). In *Niedervintl* (15 km westl.) biegt man nach Norden ins **Pfundertal** oder zu den Erdpyramiden von *Terenten* ab. Bei *Mühlbach* (23 km westl.; Lehrpfad mit 7 Mühlen, Mühlenfest im Aug.) am Eingang des Pustertals in *Rodeneck* die Wehrburg Rodenegg (um 1140, Ausbau 16. Jh.) mit 1973 freigelegten ›Iwein‹-Fresken (Ende 12. Jh.; Mai–Okt. di–so Führungen 11 u. 15 Uhr).
Aktivitäten: Wandern im Gebiet der ›Pusterer Sonnenstraße‹ (z. B. Terner Mühlenweg) von *Vintl* über *Schöneck* nach Bruneck.
ⓘ Tourismusverein, J.-Renzler-Str. 9, Tel. 0474/474092, I-39030 St. Lorenzen.

Bruneck (Brunico) ②

Politischer und wirtschaftl. Mittelpunkt des Pustertals (ca. 12 000 Einw.), 1251 vom Brixener Bischof Bruno (daher der Name) als Gegengewicht zur Grafenburg in St. Lorenzen gegründet. Der Ort profitierte lange vom Kupferbergbau im Ahrntal. Heute lebt man von Agrarhandel, Tourismus, Traditionshandwerken wie Bunt- und Leinenweberei, Tuchherstellung und Lodenwalkerei.
Sehenswürdigkeiten: Die Promenade von heute ist der Graben; intimer ist die malerische Stadtgasse mit Bürgerhäusern des 15. und 16. Jh. Sie beginnt beim Ursulinentor (Fresken von Hans von Bruneck; vor dem Tor Ursulinenkirche, 15. Jh., got. Schnitzaltar) und führt an Pachers Wohnhaus vorbei (Nr. 29) zum Oberragentor, weiter zum Ansitz Sternbach (17. Jh.). Wahrzeichen ist St. Katharina auf dem Rain (14. Jh.) mit dem Doppelzwiebelturm; die Oberragener Pfarrkirche (1850, neoromanisch) hat ein Kruzifix aus der Pacherschule. Das Stadtmuseum (di–fr 16–19, sa/so 10–12 Uhr) zeigt moderne Maler. Auf Bischof Brunos Schloss ist nur der Innenhof zugänglich. Mit Herrenhaus, Bergbauernhof, Mühlen, Brechelhaus (zur Flachsbearbeitung), Dorfschmiede u.ä.m. dokumentiert das Freilichtmuseum in *Dietenheim* (2 km nördl.) ländliches Leben (Mitte April–Okt. di–sa 9.30 bis 17.30, so 14–18 Uhr).
Veranstaltungen: Ostermarkt mit Kunsthandwerk u. Brauchtum; Altstadtfest im Juli; Ende Okt. Stegener Markt, ein Viehmarkt mit 1000-jähriger Tradition.
Aktivitäten/Sport: Wintersport am *Kronplatz* (2272 m; 85 km Piste, 300 km Loipe); Geländeritte (Reitstall Huber, Tel. 555258).
ⓘ Tourismusverein, Europastr. 24, Tel. 0474/555722, I-39031 Bruneck.

Sand in Taufers (Campo Tures) ③

Von Bruneck zieht die S 621 über *Uttenheim* nordwärts in das **Tauferer Tal**. Bei Sand in Taufers die über dem Ahrnbachtal postierte *Burg Taufers* (13., 15., 16. Jh.); innen Holzvertäfelung in 24 der 64 Räume, in der Bibliothek Kachelofen mit Motiven aus der Türkenzeit (Führungen Tel. 678543). Östlich Richtung *Rieserferner* (Ruthner Horn, 3358 m) schließt sich das **Reintal** mit den imposanten Reinbachfällen an, nördlich das **Ahrntal**, das bis zur Venedigergruppe aufsteigt und eine ganze Kette von Dörfern erschließt. Verwaltungszentrum ist *Steinhaus*, wo das Faktorhaus (15. Jh.) die Fuggerzeit dokumentiert, als hier Erz umgeschlagen wurde. *Prettau* (1476 m hoch), bis 1894 Kupferbergwerk, ist Hochburg der Spitzenklöppler und Maskenschnitzer. Das Bergbaumuseum bietet Fahrten mit der Grubenbahn (April–Mitte Nov. di–so 9.30–16.30 Uhr); im Valentins-Kirchlein (1489) ein Bild des Namenspatrons mit Viehherde. Am Ende des Tals *Kasern* mit Heilig-Geist-Kirchlein, um 1455 vom Brixener Kardinal Nikolaus Cusanus geweiht und heute Wallfahrtsziel.
Veranstaltung: Bei der ›Tauferer Straßenküche‹ (Juli, Aug.) wird ›auf der Straße‹ gekocht, gespeist und musiziert.
Aktivitäten: Wildwasser-Rafting od. Hydrospeed (Club Aktiv, Tel. 678422); Mountainbiking im *Naturpark Rieserfernergruppe*; Wintersport am *Speikboden* bei Sand i.T. (35 km Piste, 100 km Loipe).
ⓘ Tourismusverein, J.-Jungmann-Str. 8, Tel. 0474/678076, I-39032 Sand i.T.

Welsberg (Monguelfo) ④

Geburtsort des Barockmalers Paul Troger (1698–1762; Altarbilder in der Pfarrkirche) am Eingang zum malerischen **Gsieser Tal**. sowie zum **Pragser Tal** mit dem Pragser Wildsee, einem der schönsten der Dolomiten. Im Ansitz Heufler (1850) bei *Rasen* reiche Täfelung (Hearrnstube; mi–mo 11–15 Uhr). Auf steilem Hügel steht die älteste Pustertaler Burg, Schloss Welsberg (12. Jh.; rest.). Weiter westlich *Olang*, wo am Dorfplatz an den Tharerwirt Peter Sigmayr erinnert wird, der 1810 von Franzosen erschossen wurde. Fröhlich-spirituell dagegen das ›Spitzige Stöckl‹, ein zauberhafter Bildstock. Gegenüber öffnet sich das **Antholzer Tal** (ebenfalls mit traumhaftem See), wo die Biathleten zu Hause sind.
Veranstaltungen: Biathlon-Weltcup Olang (Jan.); Rodel-WM in Antholz (Jan.); Volkslanglauf im Gsieser Tal (Febr.); Konzerte u. Ausstellungen auf Schloss Welsberg (Juli/Aug.); Gsieser Almhüttenfest mit Bergmesse nach 2-stündigem Aufstieg (3. So im Sept.).
ⓘ Tourismusverein, Pustertalerstr. 9, Tel. 0474/944118, I-39035 Welsberg.

Toblach (Dobbiaco) ⑤

Ende 19. Jh. Sommerfrische für gehobene Kreise, heute Touristenzentrum am Fuß der Dolomiten. Der Ort entstand auf der Wasserscheide zwischen Adria und Schwarzem Meer aus alten Zinshöfen (um 825) des Stifts Innichen. Reich an Stukkaturen und Fresken ist die Rokokokirche von 1782. In *Niederdorf* (4 km westl.) ein Tourismusmuseum (di–so 16–19 Uhr, Winter kürzer); am dortigen Gerichtshaus (16. Jh.) das Fresko ›Wilder Mann‹ in Ketten.
Veranstaltungen: Volkslanglauf von Toblach nach Cortina auf der alten Trasse des Dolomitenzugs durch das *Höhlensteintal* (Febr.);. Ende Juli Musikwochen zur Erinnerung an Aufenthalte des Komponisten Gustav Mahler 1908–10.
ⓘ Tourismusverein, Dolomitenstr. 3; Tel. 0474/972132, I-39034 Toblach.

Innichen (San Cándido) ⑥

Als ›leer und unbewohnbar‹ galt Bayernherzog Tassilo III. das Gebiet, das er 769 Abt Otto übertrug, damit dieser ein Kloster baute, von dem aus die Slawen missioniert werden sollten. Darauf gehörte Innichen zum bayerischen Hochstift Freising, bei dem es bis 1803 verblieb.
Sehenswert: Die 1218 geweihte Stiftskirche ist einer der reifsten romanischen Kirchenbauten des Alpenraums; bewegend die Kreuzigungsgruppe, über dem Südportal ein Fresko von Michael Pacher. Im Kapitelhaus das Stiftsmuseum (Juni–Mitte Okt., Tel. 913278). Gegenüber die üppig ausgemalte Barockkirche St. Michael (1760). Das **Sextental**, Zugang zum *Naturpark Sextener Dolomiten,* zieht Bergwanderer ebenso an wie Besucher, die sich für die Ereignisse an der hier im 1. Weltkrieg verlaufenden Dolomitenfront interessieren.
Veranstaltungen: Schneeskulpturen-Festival im Jan.; Snowboard-Weltcup im März; Radrennen Dolomiti Superbike im Juli.
Sport: Bergsteigertraining am 18 m hohen Kletterturm in *Sexten*; geführte Bergtouren für Kinder und Erwachsene; Alpinski (50 km Piste) und Langlauf (200 km Loipe) zwischen 1130 und 2200 m.
ⓘ Tourismusverein, Pflegplatz 1, Tel. 0474/913149, I-39038 Innichen.

Maßstab 1:250.000 (0 – 2,5 – 5 – 7,5 – 10 – 12,5 km)

Was man in Bozen nicht versäumen sollte: In der Vinothek ›Enovit‹ kann man die Weine ganz Südtirols kosten – und kaufen.

Salute Bolzano, willkommen in Bozen

Bozen ist voller Widersprüche: Es ist Industriestadt und grün zugleich, ist so deutsch wie italienisch, so proletarisch wie vornehm, so laut wie kunstsinnig. Bozen ist Handelsstadt seit jeher und deshalb Verkehrsknotenpunkt. Und deshalb weltoffen: Wenn es eine Stadt in Südtirol gibt, wo Fremde mitmachen dürfen, dann ist das Bozen. Eine ehrgeizige, moderne, dynamische Stadt also, die gleichwohl zu genießen versteht: Bozen ist drittgrößte Weinbaugemeinde und Kontor für alle Weine des Landes. Und mit Ritten und Salten hat es Feriengebiete vor der Haustür, die sogar einen Touch von Noblesse versprühen.

△ Fehl am Platz? Neptun am Bozener Obstmarkt

Anspruchsvoll: die Geschäfte in den Bozener Lauben ▽

Aufmerksam: die Händler auf dem Obstmarkt ▽

△ Der Waltherplatz, Bozens Hauptplatz, wird im Frühjahr zum Blumenmarkt

Treffpunkt: Waltherdenkmal vor der Domkirche ▽

So deutsch-mittelalterlich sich das Gewirr der Gassen mit ihren spätgotischen Häusern in der Altstadt auch ausnimmt – in Bozen, der Hauptstadt Südtirols, ist man endgültig auch im Süden angekommen. Der Chic der Textilien in den Boutiquen unter den Lauben wirkt italienisch durch und durch, die Vielfalt der Lebensmittel auf den Märkten und in den Auslagen bunter und verführerischer als noch in Brixen, und die Gesichter der Menschen, die Freunde wie Fremde mit ›Ciao‹ begrüßen, sind andere. Wenn es dann noch Juli oder August ist und ein warmer Mittelmeerwind durch das weite Tal der Etsch in den Bozener Kessel strömt, weiß man, warum selbst der so kritische Geheimrat von Goethe über diese Stadt nur Gutes zu berichten wusste.

Goethes Obstweiber

›Wohlbehagliches Dasein‹ nannte Goethe das Lebensgefühl in der alten Handelsstadt. Er freute sich an den ›vielen Kaufmannsgesichtern‹ und über die ›Obstweiber mit ihren runden, flachen Körben, worin die Pfirsiche nebeneinander lagen, daß sie sich nicht drücken sollten‹. Er erlebte eine Stadt, die Besuchern herzlich begegnet – um gleich wieder den eigenen Geschäften nachzugehen. Eine Stadt, die zweisprachig, vielsprachig ist seit alters. Und entsprechend gewandt im Umgang mit der Welt.

Vielleicht ist dies das Angenehme: In erster Linie leben die Bozener ihren eigenen Alltag. Ihre Märkte sind nicht den Touristen gewidmet, sondern Teil ihrer Stadtkultur, an der sich, wie jedenfalls der Besuch des Obstmarkts in der Altstadt zeigt, seit Goethes Visite nichts verändert zu haben scheint. Und warum auch? Schon seit Ende des 13. Jahrhunderts prüfen die Hausfrauen hier kritisch die Früchte, begleitet von mal spöttischen, mal lobenden Kommentaren der Händlerinnen.

In Bozen ist immer Markttag

Wer mehr davon erleben möchte: Jeden Donnerstag ist Bauernmarkt in der Gumergasse, jeden Samstag Krämer- und Gemüsemarkt am Siegesplatz (donnerstags auch am Matteottiplatz), und im Frühjahr,

△ Waaghaus am Kornmarkt

Nachempfundener ›Ötzi‹ im Archäologiemuseum ▽

Friede und Schrecken: ›Verkündigung‹ und Folterszene in der Dominikanerkirche ▽

△ *Hohes Haus der mittelalterlichen Kaufleute: Versammlungssaal des Merkantilmagistrats an der Silbergasse*

△ *Malereien auch im Kreuzgang: das Franziskanerkloster*

Geschmack der Mussolini-Zeit: Brunnen vor dem Finanzamt ▽

an all den wonnevollen Tagen rund um den 1. Mai, verwandelt der Blumenmarkt den Waltherplatz beim Dom und die Mustergasse in ein duftendes Lexikon südlicher Flora. ›Bozener Frühling‹ also – und damit ist die Jahreszeit ebenso gemeint wie die Veranstaltungsreihe dieses Namens, die, typisch Bozen, E und U galant nebeneinander präsentiert: Folklore neben Ballett, Jazz neben Klassik, und meist alles vom Feinsten, wie bei den speziellen Frühlings-Menüs, mit denen die Restaurants in dieser Zeit um die Gunst der Gäste konkurrieren. Etwas vergessen? Die ›Weinkost‹ natürlich: Auch sie findet im Mai statt, auf Schloss Maretsch am Rand der Altstadt, und stellt die neuen Weine aus Südtirols drittgrößter Weinbaugemeinde Laien und Fachleuten vor – Letzteren zur kritischen Verkostung, den Bozenern selbst dann am Abend, wenn nicht mehr ganz so fachmännisch parliert, dafür aber um so intensiver genossen wird.

Der Mann aus dem Eis

Doch auch in Bozen wird es Winter, oder es regnet, und spätestens dann ist der jüngsten Attraktion der Stadt die Aufwartung zu machen: ›Ötzi‹, dem legendären ›Mann aus dem Eis‹. Rund 5300 Jahre hat er darin verbracht, in 3210 Metern Höhe auf dem Hauslabjoch in den Ötztaler Alpen, bevor er im September 1991 von bergwandernden Eheleuten gefunden wurde und nach vielen Schlagzeilen und wissenschaftlicher Analyse vom Scheitel bis zur Sohle im Januar 1998 nach Bozen in die Museumstraße kam – ins eigens dafür gegründete Archäologiemuseum, zuvor Sitz der Banca d'Italia.

Schnell ist diese Aufregung vergessen, wenn man vor der nur spärlich beleuchteten, ledernen Mumie steht. Wenn man die Raffinesse seiner (rekonstruierten) Kleidung und der so überaus kunstfertigen Jagdgerätschaften betrachtet, wird man nachdenklich. Bestimmten Fragen um Leben und Tod den Alltag in den Bergen Südtirols nicht noch in jüngster Vergangenheit? Wie präzise musste (oder muss?) man arbeiten, wie exakt die Natur kennen, um im Reich von Eis und Schnee zu überleben – als Bauer, als Hirte, als Jäger? Solche

△ Am nördlichen Stadtrand von Bozen: Schloss Maretsch

Am Ritten: Hutschmuck für Festtage ▽

△ Welche Richtung, und wer geht zuerst? Almabtrieb im Herbst

△ Dornröschen-fähig: Schloss Runkelstein am Hang über Bozen

Ein besonderes Wanderziel: Erdpyramiden auf dem Ritten ▽

Überlegungen ausgerechnet in einem Museum in der Metropole des Landes? Durchaus – und dass sie sich aufdrängen, ist das Verdienst einer so anschaulich wie teilnahmsvoll aufbereiteten Ausstellung.

Vom Faschismus zerrissen

Längst nicht bis zu Ötzi zurück reicht der steinerne Kalender der architektonischen Denkmäler in Bozen. Römischer Brückenkopf, mittelalterliche Handelsstadt mit einer Laubengasse, die sich oberitalienische und süddeutsche Kaufleute zur Fuggerzeit teilten – da fällt das prachtvolle Merkantilgebäude schon deutlich aus dem Rahmen. Die Handelsherren der Renaissance bauten es mitten hinein ins alte Bozen.

Dort wirkt es ähnlich imperial wie die unter Mussolini herbeigeklotzten Bauten der 1930er-Jahre. In Latein gehaltene Fassadeninschriften (›... brachten wir den anderen Sprache, Gesetze und Kultur ...‹) fassen die ›Herrensicht‹ jener Tage zusammen, unter deren Folgen die Menschen lange gelitten haben. Denn auch das ist Bozen: Nirgends in Südtirol griff die Italianisierung durch die römischen Faschisten tiefer in alte Strukturen ein als hier.

Zwischen 1919 und heute wurde aus der in deutscher Tradition gewachsenen 28 000-Einwohner-Stadt durch Umsiedlung italienischer Arbeiter eine Industriestadt mit rund 100 000 Einwohnern. Aus der alten Bevölkerungsmehrheit wurde eine zeitweise fast ungeschützte Minderheit. Dass die deutschen Faschisten mit ihrer ›Heim-ins-Reich-Politik‹ zudem über 75 000 Südtiroler aus ihrer Heimat herauszerrten, hat viele Familien auf immer zerrissen.

Gänzlich ausgeheilt sind diese Wunden nicht, trotz täglich praktizierter Gemeinsamkeiten, trotz der endlich gewachsenen Einsicht, dass Bomben nicht helfen. Und wohl auch trotz des bestätigten Glaubens an den gemeinsamen Wohlstand.

Aufzug zur Sommerfrische

Was überhaupt hält die eher bescheidene Bozener Geldmaschine am Laufen? Im Tal sind es Handel und Leichtindustrie inmitten von Wein und Obst, auf dem Tschögglberg und dem Ritten dagegen Alm-

△ *Sarnthein im Sarntal: Wer ist hier von wem überrascht?*

Paar für Paar garantiert handvernäht: Patschenmacherin in Sarnthein ▽

Beim Sarner Kirchtag: So leicht erkennt man den Fremden ▽

△ Zwei Welten, ein Tal: Kirchgänger in Sarnthein … … und Rekordjäger beim Cross Country Mountainbike-Rennen ▽

und Viehwirtschaft wie seit eh und je. Hier liegen alle Ortschaften tausend Meter und höher über dem Talkessel; Wanderer, Mountainbiker und Reiter teilen sich die erholsamen, weil unspektakulären Landschaften. Sie sind durch Seilbahnen leicht zu erreichen, auch von den Bozenern selbst, denen der Ritten so selbstverständlich zu sein scheint wie der Balkon, auf den man tritt, um eine kühle Brise zu erhaschen. Mit einem feinen Unterscheid: Von welchem Balkon aus blickt man schon am Abend hinüber zum vom letzten Licht der Sonne rot glühenden Dolomiten-Massiv des Schlern?

Leben ›wie früher‹ im Sarntal

Oft spricht man von Geheimtipps – dies ist einer: Zwischen den Gebirgsrücken nördlich des Bozener Kessels, von der fast unzugänglichen Sarner Schlucht bis hinauf zum Penser Joch, erstreckt sich als eigenständiges Talsystem das Sarntal – und wenige Täler der Alpen sind so ursprünglich wie dieses.

Die Topografie ist daran ›schuld‹: Nach Sarnthein, wo sich das Tal auf fast tausend Metern weitet, gelangt man von Bozen aus über eine in den Hang gebaute Straße mit 22 Tunnels oberhalb des zur Schneeschmelze tobenden Talferbachs. Gut zwanzig Minuten dauert die Fahrt heute – anfangs des 20. Jahrhunderts gab es die Verbindung noch gar nicht. Was man brauchte, mussten Menschen und Saumtiere auf dem Rücken ins Tal schaffen.

Solche Abgeschiedenheit hat dem Sarntal ein Lebensgefühl erhalten, das Besucher staunend als ›wie früher‹ empfinden. So nutzen viele die Übernachtungsmöglichkeiten in den verstreuten Weilern des Tals, um sich für ein paar Tage ›rauszunehmen‹ aus Stress und Alltag. Um zu erleben, wie Brauchtum keine ›Dienstleistung‹ ist, sondern Selbstverständlichkeit. Im Advent etwa, wenn das ›Klöckln‹ stattfindet, ein auf Sonnenwendbräuche zurückgehendes Sammeln von Wurst und Speck. Singend und Schabernack treibend, ziehen junge Männer mit maskierten Zussmandln und Zusslweibern von Haus zu Haus. Allerdings, das traditionelle Strohgewand haben sie meist gegen Sarner Tracht getauscht.

BOZEN
0
200 m
Via Castel Roncolo/Runkelsteiner Str.
Via Weggenstein
Pza. d. Madonna/Marienplatz
Via Vintler
Via A.-Hofer-Str.
Corso Libertà / Freiheitsstraße
Piazza Mazzini
Piazza di Vittoria/Siegesplatz
Ponte Talvera/Talferbrücke
Via del Museo/Museumstr.
V. d. Portici/Laubeng.
Pza. d. V. Piave Pza. Municipio
Via Leonardo-da-Vinci
Piazza R.-Sereensei
Piazza Walther
Viale Stazione/Bahnhofsallee
Corso Italia / Italienstraße
Via Orazio
Via Peter Mayr
Piazza Cristo Re
Viale Druso / Drususallee
Ponte Druso/Drususbrücke
Via Marconi Straße
Piazza Verdi
Via Josef Mayr
Talvera / Talfer
MERANO
MERAN
BOLZANO
BOZEN
Tirolo
Tirol
Lagundo
Scena
Schenna
Marlengo
Marling
Avelengo
Hafling
Lana
Sarentino
Sarnthein
Terlano Terlan
Nalles
Nals
Tesimo
Tisens
Gargazzone
Gargazon
Meltina
Mölten
Appiano
Eppan
S. Genesio Atesino
Jenesien
Cardano
Kardaun
Collalbo
Klobenstein
Ritten
Renon
Tiers
Passo di Valdurna
Durnholzer Jöchl
Jaufenpass
Passo di Pennes
Penser Joch
Große Dolomitenstraße
A22
E45

Wo gibt es was?

Nadel- bzw. Fähnchennummer = Textnummer ⓘ = Auskunft

Bozen (Bolzano) ①–⑯

Die Hauptstadt (100 000 Einw.) der Autonomen Region Trentino-Alto Adige und einzige ›Großstadt‹ Südtirols ist auch Brennpunkt vieler Gegensätze des Landes: Sie ist mittelalterlich wirkende Handelsstadt und moderne Industriestadt zugleich, zeigt italienische Urbanität direkt neben Vierteln, die trotz Eingemeindung Dörfer blieben.

Geschichte: Mit der römischen Brücke über die Talfer (im Vorort Rentsch) wird Bozen 15 v. Chr. historisch aktenkundig. Später streiten Bajuwaren, Langobarden und Franken um die Region; die bayerischen Sieger gründen Castellum Bauzanum am Virglberg (um 680). Zur Stadt wird Bozen durch Bischof Ulrich II. von Trient; er läßt im 12. Jh. den Kornplatz und die ersten Häuser der Laubengasse errichten. Ende der fürstbischöfl. Ära ist 1277, als der Tiroler Graf Meinhard Bozen erobert und schleifen lässt. Nach Öffnung eines Wegs durch die Eisackschlucht durch Heinrich Kunter (1314) wird Bozen Handelszentrum am Weg zum Brenner, 1635 Messestadt durch Gründung des unabhängigen deutsch-italien. Merkantilmagistrats durch Erzherzogin Claudia de Medici. Nach der Annexion Südtirols durch Italien (1919) wird die Kleinstadt durch erzwungene Zuwanderung um eine italienische Industriestadt, die heutige Neustadt, erweitert. Drei von vier Bozenern sprechen heute Italienisch als Muttersprache.

Sehenswürdigkeiten: Der **Waltherplatz** ① mit dem Denkmal (1889) des Minnesängers Walther von der Vogelweide ist ein guter Startpunkt für den Altstadtspaziergang. Der **Dom** (seit 1964; zuvor Stadtpfarrkirche), von Lombarden im 13./14. Jh. gebaut, fällt durch sein buntes Schindeldach und den 62 m hohen, zierlichen Turm auf. Am Weg zu den Lauben passiert man den **Kornplatz** ② mit freskiertem Waaghaus; hier stand 1342–1633 die Fronwaage. Östlich von hier das **Rathaus** ③ (Neobarock und Jugendstil); westlich an der Silbergasse der **Merkantilpalast** ④ von 1708, heute Museum zur Handelsgeschichte (mo–fr 10–17 Uhr). Dessen Rückseite berührt die **Lauben**, die Haupteinkaufsgasse mit arkadengesäumten Häusern des 15.–17. Jh., alten Interieurs (Madonna- u. Schwarzadler-Apotheke, Nr. 17 u. 47), trendigen Nobelshops ebenso wie bäuerlicher Folklore. Richtung Talfer dann der berühmte **Obstmarkt** ⑤. Die Via Goethe führt zum **Dominikanerkloster** ⑥, wo die Johanniskapelle von Giotto inspirierte Fresken (14. Jh.) birgt, die als erstes Werk der ›Bozener Schule‹ gelten (mo–sa 9.30–18, so 12.30–18 Uhr). Ein herausragendes Schnitzwerk, der ›Krippenaltar‹ (um 1500) des Brixeners Hans Klocker, ist in der **Franziskanerkirche** ⑦ zu sehen (tgl. 10–12, 14.30–18.30 Uhr). Von dort erreicht man in wenigen Minuten das zwischen Reben versteckte **Schloss Maretsch** ⑧ (12.–16. Jh., heute Tagungshotel).

Jenseits der Talfer breitet sich die ab 1929 erbaute Neustadt aus, mit modern und entseelt zugleich anmutenden Architekturen wie dem **Siegesdenkmal** ⑨ oder dem **Justizpalast** ⑩ am Gerichtsplatz.

Museen: Star im neuen **Archäologiemuseum** ⑪ (di–so 10–18, do bis 20 Uhr) ist ›Ötzi‹, der ›Mann aus dem Eis‹; außerdem vermitteln moderne Medien Blicke in Südtirols Geschichte. Roman. und got. Plastik, Trachten, Masken und Volkskundliches zeigt das **Stadtmuseum** ⑫ (di–sa 9–12, 14.30 bis 17.30, so 10–13 Uhr), Maler des 20. Jh. das **Museum für Moderne Kunst** ⑬ (di bis so 10–12, 15–19 Uhr). Um die Geologie geht es im 1999 eröffneten **Naturmuseum** ⑭ im alten Amtshaus Maximilians I. (16. Jh.; di–so 10–18 Uhr).

Veranstaltungen: Blumenmarkt (30. April/ 1. Mai) mit Musik und Unterhaltung; ›Bozner Sommer‹ (Juli–Sept.) mit breitem Kulturprogramm (Ballett, Jazzfestival, Konzertreihe, Busoni-Wettbewerb für junge Pianisten); im Advent Weihnachtsmarkt.

Einkaufen: Weine aus Südtirol in der ›Enoteca Enovit‹, Dr.-Streiter-Gasse 3; Kunsthandwerk (Glas, Töpferware, Schnitzereien) in den ›Südtiroler Werkstätten‹, Lauben 31.

Aktivitäten: Spaziergänge (Oswald-Promenade von St. Anton bis St. Magdalena; Wassermauer-Promenaden an der Talfer); Freibad (Triester Str.) in Flussnähe.

Umgebung: Die Pfarrkirche von **Gries** ⑮ am westlichen Stadtrand besitzt mit Michael Pachers Marienkrönungsaltar (1471–75) einen Höhepunkt gotischer Schnitzkunst. Am Weg dahin das Benediktinerkloster Gries-Muri (15. Jh.) mit Prachtfassade.
Nördlich der Stadt steht **Schloss Runkelstein** ⑯ über der Sarner Schlucht. Die 1237 begonnene, oft umgebaute Feste birgt einen kostbaren Freskenzyklus höfischer Motive (um 1400), darunter ein vermeintliches Porträt der Margarethe Maultasch (bis Mitte 2000 geschl.; Tel. 329808).

ⓘ Verkehrsamt, Waltherplatz 8,
Tel. 0471/307000, I-39100 Bozen.

Ritten (Renon) ⑰–⑲

Das Hochplateau (1200–2200 m) ist schon seit dem 16. Jh. Bozens Sommerfrische. Hinauf kommt man über die 1965 gebaute Straße oder mit der Seilbahn nach **Oberbozen** ⑰, wo eine Zahnradbahn die nachfolgenden Orte erschließt. Sehenswert ist **Lengmoos** ⑱ mit Kommendehof (1211) des Deutschritterordens (im Sommer Ritterspiele) und den bizarren Erdpyramiden (auch in *Unterinn* und zw. Oberbozen und *Signat*). Schöne Kirchen sind Maria Himmelfahrt, St. Georg und St. Jakob (spätroman. Fresken) bei Oberbozen sowie St. Nikolaus (got. Fresken) in Mittelberg. Im Bienenhof von **Klobenstein** ⑲ gibt es ein Imkereimuseum (Tel. 345350).

Veranstaltungen: Pferdeschlittenrennen und Skijöring im Febr.; ›Essen und Kultur am Ritten‹ April/Mai; bäuerl. Brauchtum beim Almabtrieb (Bartlmä-Fest, 24. Aug.).

Aktivitäten: Wanderung zum *Rittner Horn* (2260 m, mit fantastischer Fernsicht, Lift zur Bergstation, dann 1 Std. leichter Aufstieg); Wanderritte; Freibaden in Oberbozen und Klobenstein.

Wintersport: Eissport in Klobenstein; Skisport am Rittner Horn (10 km Piste, 45 km Loipe).

ⓘ Tourismusverein Ritten, Dorfstr. 16,
Tel. 0471/356100, I-39054 Klobenstein.

Salten ⑳–㉑

Der Salten (auch ›Tschögglberg‹) ist mit seinen Wiesen- und Waldlandschaften, stillen Weilern und guten Gasthäusern in Frühling und Herbst ein perfektes Wandergebiet. Man erreicht es per Seilbahn von Bozen nach **Jenesien** ⑳ (1089 m) oder von *Vilpian* nach **Mölten** ㉑ (1188 m), sonst mit dem Auto. Sehenswert das Kirchlein St. Jakob auf Lafenn in freier Landschaft, Europas höchstgelegene Sektkellerei (Tel. 668033; Foto S. 92) sowie Jenesiens Pfarrkirche St. Genesius (1838; Nazarener-Stil).

Aktivitäten: Wandern, Reiten, Freibad mit Aussicht in Jenesien; Naturkegelbahnen.

ⓘ Tourismusverein, Tel. 0471/354196,
I-39050 Jenesien; Tel. 0471/668282,
I-39010 Mölten.

Sarnthein (Sarentino) ㉒

Hauptort (2000 Einw.) des ursprünglich gebliebenen **Sarntals** (gut 6000 Einw.; im Tal viele Schildhöfe), das bis zum *Penser Joch* (2214 m; 27 km nördl.) reicht. Die Pfarrkirche (expressionist. Ausmalung), St. Cyprian (15. Jh.) mit Fresken und Burg Reinegg (privat) über dem Dorf sind sehenswert, interessanter aber sind die Sarntaler Handwerke, bei denen man zuschauen darf: die Federkielstickerei, bei der Trachten und Accessoires mit Pfauenfederkielen bestickt werden (z. B. Tel. 622363) oder die Regglmacher, die aus Wurzelholz Köpfe für Kurzpfeifen arbeiten. Berühmt auch die Essbestecke oder die ›Koschpn‹, in der Sohle genagelte Holzpantinen. Die gemütlichere Variante: ›Patschen‹ aus Filz, die auf Wunsch nach Maß angefertigt werden.

Umgebung: Im *Durnholztal* die got. Kirche St. Nikolaus mit Fresken von 1420 aus der Bozener Schule (Nikolauslegende).

Veranstaltungen: ›Kirchtig‹ (bedeutendster Südtirols) am 1. Sept.-Wochenende mit Trachtenumzug (so) u. Krämer-/Viehmarkt (mo); Prozessionen zu Fronleichnam im Durnholztal; intern. Mountainbike-Rennen im Mai/Juni; ›Klöckln‹ im Advent.

Aktivitäten: Pferdetrekking, Radwandern, Freibad in Sarnthein, Skilauf im Durnholztal (12 km Piste), Langlauf im *Penser Tal* (40 km Loipe), Eissport in Sarnthein.

ⓘ Tourismusbüro, Tel. 0471/623091,
I-39058 Sarnthein/Sarntal.

Maßstab 1:150.000 — 0 2 4 6 8 km

Auch eine Wintersportart, wenn auch nicht für jedermann geeignet: Paragliding auf der Seiser Alm.

Landschaften zum Abheben: die Dolomiten

Zu den Dolomiten haben viele eine Art Liebesbeziehung: Berge gibt es jede Menge in den Alpen – beeindruckende, gewaltige, bizarre –, aber kein Massiv besitzt den Zauber der Dolomiten. Und deshalb treten Täler, Dörfer und Bauwerke zurück hinter das Naturerlebnis, dem sich selbst die Skifanatiker nicht entziehen können. Natürlich kann man auch einmal um das ganze Gebiet auf der Großen Dolomitenstraße mit dem Wagen fahren. Aber so wird man immer außen vor bleiben. Man muss hinauf – und das am besten zu Fuß.

In der Höhe zu Hause: Haflinger bei der St. Valentins-Kapelle oberhalb von Seis

△ Sommerferien auf der Seiser Alm: Vor der Kulisse des Schlern kann man das Reiten erlernen

△ Alm bedeutet Hochweide: Im Sommer gehören die Weideflächen zwischen 1800 und 2100 Metern den glücklichen Kühen

△ Vom Berghotel ›Profanter‹ in Wolkenstein blickt man auf die Sellagruppe

Majestät im Morgenmantel: der Langkofel ▽

Warum heißen die Dolomiten ›bleiche Berge‹? Weil Zwerge sie mit Fäden aus Mondlicht einsponnen, als sie die heimwehkranke Mondprinzessin zum Bleiben auf ihrer Erde bewegen wollten. Wie lange ist das her? Höchstens 200 Millionen Jahre, denn vorher lagen die Dolomiten noch auf dem Meeresgrund, von dem sie sich hinaufdrückten und -falteten, als Europa in der Mitte zusammengeschoben wurde, da, wo heute die Alpen stehen. Woher man das weiß? Von versteinerten Korallen, Seelilien und -sternen, die man in den Dolomiten findet, und von dem Franzosen Déodat de Dolomieu, der diese ›schönsten Berge der Welt‹ (Reinhold Messner) 1788 erforschte und dabei jenes Gestein fand, das man seither Dolomit nennt: magnesiumhaltigen Kalk, mal braun, mal gelb, mal weißlich gefärbt – wie Mondlichtfäden eben …

Was die Alm platt macht

Es hätte weder der Sagen um den Zwergenkönig Laurin noch eines Reinhold Messner bedurft (der es freilich selbst vorzieht, im Vinschgau zu leben), die Dolomiten so beliebt zu machen, wie sie heute sind. Leider, möchte man sagen, denn auf wenigen Fleckchen Südtirols, wenn nicht der Alpen, wird so herumgetrampelt wie auf den Panoramaparkplätzen zu Füßen von Rosengarten, Geislerspitzen, Lang- oder Plattkofel. Oder auf der Seiser Alm vor der markanten Kerbe im steilen Felsstock des Schlern – ein Bild, das wie wenige Südtirol symbolisiert.
Die Seiser Alm also: 51 Quadratkilometer groß ist sie und damit Europas größte. Und mit ihren Mulden, Mooren und Wäldchen so postkartenschön, dass die Gefahr besteht, dass der Mensch platt macht, was er so sehr liebt. Knapp zwei Dutzend Aufstiegsanlagen gibt es, die meisten ganzjährig in Betrieb – rund eine Million Menschen betreten die Alm jedes Jahr. Von Kastelruth kommend, erblicken sie im Süden die wuchtigen Zinnen der Langkofelgruppe, an die westlich der Rosengarten grenzt. Die Rosszähne bilden die Brücke zum monumentalen Schlern, der die riesige Blumen- und Wildkräuterwiese zum Tierser Tal abschließt.

△ Winterspaß auf der Seiser Alm: eine Fahrt mit dem Pferdeschlitten

Im Winter ist die Luft meist kristallklar: Blick auf Lang- und Plattkofel ▽

△ Rodeln macht erst in der Gruppe richtig Spaß und ist am schönsten abends, wenn man im Licht von Fackeln zu Tal gleitet

△ Zwei Temperamente: beharrlich bergan, … … schwungvoll bergab ▽

Seit man den Südteil zum ›Naturpark Schlern‹ erklärt hat, gibt es Beschränkungen, gewiss. Doch ballt das die Touristenströme, für Mensch und Natur stressig, an anderen Punkten zusammen. Ob es hilft, die Alm nur noch über den öffentlichen Nahverkehr erreichbar zu machen? Skeptiker meinen, das würde die Belastung kaum mildern. Ideallösungen, so viel ist sicher, gibt es nicht.

Was der Winter möglich macht

Dennoch: Wem wollte man das Erlebnis verweigern! Den Wintertouristen? Nein, denn die letzten Schattenseiten dieser Bilderbuchlandschaft malt der erste Schneefall schön. Familiengerecht sind die Hänge, akkurat gespurt die Loipen, und die Rodelbahnen mit sanftem Schuss sind für Draufgänger und Pistensäue einfach zu harmlos. Dieser Mangel an Sensationen rettet der Seiser Alm einen vergleichsweise milden Skibetrieb, den die Natur bisher leicht überlebt. Dazu passen die gemütlichen Pferdeschlitten, von blondmähnigen Haflinger-Pferdchen gezogen. Winterfreude pur.

Nach zünftigem Mahl auf einer der gemütlichen Almhütten wird der abendliche Blick auf die Waage darüber entscheiden, ob man auf der Alm gesündigt hat oder nicht. Aktivurlauber verbrennen leicht, was sie sich aufladen oder einschenken lassen. Zumindest bei riskanteren Vergnügungen wie dem Paragliding und dem Drachenfliegen ist allerdings Null-Promille strikt angesagt.

Ansonsten wird auf der Alm und in den Ortschaften zu ihren Füßen alles geboten, was rutscht, gleitet oder sonstwie zu Eis und Schnee passt. Wer es romantisch mag, schließt sich einer Rodelfahrt bei Fackellicht an. Wer sich auch ein bisschen bewegen will, kümmert sich ums Eisstockschießen. Oder, wenn's sportlicher sein soll, ums Schneeschuhlaufen.

Schnee aus der Kanone

Während Wanderer schon bei wenig Schnee auf ihre Kosten kommen, brauchen Abfahrer mehr Kristalle unterm Ski. Und die bekommen sie, selbst wenn keine einzige Flocke vom Himmel fällt. Dann wird nachgeholfen, wird ›natürlich‹ Schnee gemacht und mit Kanonen

△ Jeder kommt mit: Helfer am Lift

Unterricht in kleinen Gruppen: Skikurs auf der Seiser Alm ▽

Ausdauer von Vorteil: Es gibt 75 Kilometer Loipe auf der Seiser Alm ▽

△ Sessellifte, Gondelbahnen und Schlepplifte erschließen die Seiser Alm für Wintersportler und Sommerwanderer

△ Wer beherrscht schon die Pirouette?

Auf den richtig dosierten Schwung kommt es an ▽

auf die Hänge geschossen. 70 Prozent aller Pisten in Südtirol können berieselt werden, das bedeutet einen europäischen Spitzenplatz. Und Entsetzen bei den Naturschützern: Letztendlich muss der Untergrund dafür büßen. Denn von dieser massiven Aufrüstung, die, wo sonst, in den USA erfunden wurde, profitieren vorrangig die sportlichen Besucher der Alm, deren Zahl sich seit 1970 verzehnfacht hat. Denn Kanonenschnee ist viel strapazierfähiger als der aus den Kissen von Frau Holle.

Wandern und schwitzen

Wie es der Seiser Alm wirklich geht, davon kann man sich im Sommer überzeugen – auch wenn die Rinder eher wie die Darsteller in einem Heimatfilm wirken denn als Leistungsfaktoren in der Agrarbilanz. Denn Wanderer, so weiß man längst, bringen in diesem Sommergarten eben mehr als Milch und Käse. Dass es dabei auch steiler zugehen kann, dafür sorgen die Randberge, auch wenn der Schlern mit seiner kahlen Gipfel-Hochfläche es Bergwanderern relativ leicht macht. Südtirols Wahrzeichen verdankt diese Gestalt einem ›Deckel‹ aus hartem Gestein, der den Klotz vor Zerklüftung schützt.
Neben dem (ganzjährig angenehmen) Sonnenbaden auf der Alm mit Blick auf Berge und Touristen und einer deftigen Brotzeit auf dem Teller – vorzüglich zum Beispiel bei der 200 Jahre alten Sanonhütte – gibt es eine weitere Möglichkeit, ins Schwitzen zu geraten: Im Völser Heubad wird man in duftende Almkräuter gepackt. Doch Achtung, auch diese Prozedur macht mächtig Appetit.

Gaudi um den Wolkensteiner

Völser Attraktionen liegen auch am Wege, wenn beim Oswald-von-Wolkenstein-Ritt Sattelkunst und Ringelstechen auf Haflingern geübt werden. Schloss Prösels, die Ruine Hauenstein und der Kofel mit dem Bergfried in Kastelruth bilden die Kulissen für diese zweitägige Gaudi im Juni. Der alte Wolkensteiner, Musiker und Dichter, dazu Ritter und Urviech des 15. Jahrhunderts, hätte seine Freude daran gehabt. Auf Hauenstein lebte er mit Frau und sieben Kindern; meist aber war der unruhig-streitbare Geist unterwegs.

△ Dicht besiedeltes Grödner Tal: Blick auf Wolkenstein

Beim Festumzug in St. Ulrich: Noch zu klein, um cool zu sein? ▽

In St. Ulrich: Die Grödner Holzschnitzer sind berühmt ▽

△ Kamerablicke gewohnt: eine Grödner Trachtengruppe

Zuschauen macht auch mal Spaß ▽

Noch mehr Teilnehmer und Zuschauer zieht die wohl größte und schönste Prozession Südtirols am Sonntag nach Fronleichnam nach Kastelruth. Auch wenn manches folklorehaft wirkt, so ist doch die starke Frömmigkeit der Südtiroler dahinter zu spüren. Von ihr schließen sich auch die Jungen nicht aus, und überhaupt passt Religiosität in diese Landschaft. Und sie passt zu den Menschen wie die liebevoll betreuten Friedhöfe mit ihren Grabsteinen und die zahllosen Bildstöcke und Kruzifixe am Wege.

Inselkultur in den Bergen

Es sind die Gesichter der alten Leute, die die wahren Geschichten der Dörfer und Täler erzählen. Wer die Chance erhält, mit den Alten ins Gespräch zu kommen – war nicht der selige Luis Trenker, dem sie in St. Ulrich zu Recht ein Denkmal gesetzt haben, ein solcher? –, der nimmt mehr mit als ein paar gelungene Urlaubsfotos. Er bekommt ein Gefühl dafür, was passiert, wenn eine über Jahrhunderte abgeschlossene Welt geöffnet und von Neuerungen überrannt wird.

Das beschreibt die Situation der ladinischen Täler. Im Grödner- und im Gadertal haben sich Sprache und Kultur der rätoromanischen Volksgruppe abseits der Auseinandersetzungen zwischen den beiden großen Volksgruppen noch im Alltag behauptet. Aber ob vier Prozent Bevölkerungsanteil ausreichen – neben 28 Prozent italienisch und 68 Prozent deutschsprachiger Bevölkerung –, um diese Erinnerung lebendig erhalten zu können, bleibt fraglich.

In die Moderne gezerrt

Auf der Karte scheint alles einfach: Die Eisack hinunter und dann bei Klausen links ab ins Tal von Gherdëina – ins Grödner Tal. Noch bis zur Mitte des 19. Jahrhunderts war es schwer zugänglich, erst dann gelang es dem Bürgermeister von St. Ulrich, eine Straße hinab ins Eisacktal zu bekommen. Über die neuere Verbindung von Klausen aus geht es heute zügig ins Tal und zu den drei Hauptorten St. Ulrich, St. Christina und Wolkenstein. Die attraktiven Sommer- und vor allem auch Winterferienorte, die so entstanden, zählen im Alpenraum heute zur ›Elite‹.

△ Die typischen Dolomitenzacken im Blick: Wanderung am Grödner Joch

Feenheimat: Karersee vor dem Rosengarten ▽

△ Ein Leben lang im Campill daheim: Bergbauern im Gadertal

△ Den Abstecher wert: St. Vigil in Enneberg

Dünn besiedelt sind die ladinischen Täler, hier oberhalb von St. Martin in Thurn ▽

Das Tal erlebte dabei aber auch eine Modernisierungswelle, von der es sich bis heute nicht erholt zeigt. Kritische Einheimische bemängelten das von Beginn an, und mittlerweile ist das Gefühl des Nachholen-Müssens auch bei den Entwicklungsgläubigen dem Plädoyer für sorgsameren Umgang mit der Natur gewichen. Nicht zuletzt deshalb, weil die Gäste vor allem ihretwegen kommen.

Gütesiegel der Holzschnitzer

Dieser Geschäftssinn hat sich auch auf das traditionelle Handwerk der Holzschnitzer übertragen. Wie überall hat sich im Grödner Tal neben die klassische Handarbeit eine industrielle Fertigung von Figuren geschoben, die Touristen mit hübschen (und preiswerten) Mitbringseln versorgt. Wer echte Handarbeit haben will, muss mehr anlegen. Dafür bekommt er Stücke, die eigentlich schon Kunst sind.

Seit 400 Jahren wird im Grödner Tal geschnitzt; für viele Bauern wurde die Arbeit zum zweiten Beruf. Zuerst entstanden aus Zirbelholz Löffel und Schüsseln, dann Madonnen und profane Figuren, von ganzen Schnitzerdynastien gefertigt. Einen Überblick verschafft das Heimatmuseum St. Ulrich, das auch Kinderspielzeug zeigt, mit dem die Hausierer in die Welt zogen. Und im Kongresshaus gibt es eine Musterschau der im Kunsthandwerk engagierten Betriebe.

Übers Grödner Joch

Von Wolkenstein am Talschluss bietet sich der Aufstieg übers Grödner Joch nach Kollfuschg an. Mit Corvara bildet der Ort unter der Sellagruppe das touristische Zentrum des Gadertals. Auch hier sind die Ortsnamen dreisprachig, wird Ladinisch im Alltag gesprochen, und der ebenfalls verbreitete Name Abteital – Badia – ist nichts anderes als die Übersetzung der italienischen und ladinischen Namen für das Tal.

Aber sonst ist Babylon in ›Badia‹ nicht zu Hause. Man versteht sich und versteht die Besucher. Und so sehr das obere Abteital als Wintersportregion Alta Badia Furore macht, so ruhig ist das Leben in den anderen Gemeinden, deren Bild von Höfen und prachtvoll ausgestatteten Kirchen bestimmt wird.

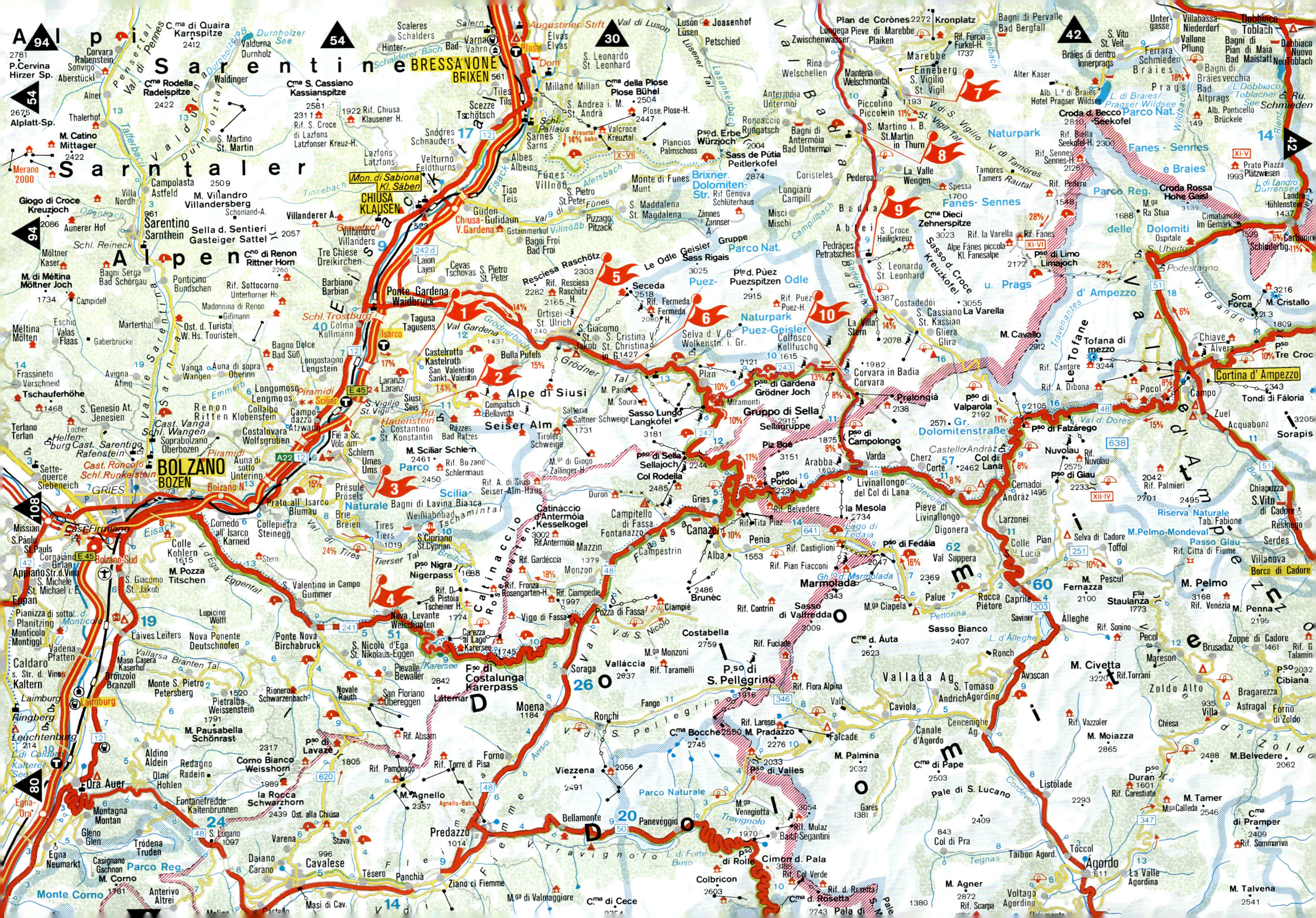

Alpi Sarentine
Sarntaler Alpen
BRESSANONE
BRIXEN
CHIUSA
KLAUSEN
BOLZANO
BOZEN
Cortina d'Ampezzo
Merano
Ponte Gardena
Waidbruck
Ortisei
St. Ulrich
Alpe di Siusi
Seiser Alm
Gruppo di Sella
Sellagruppe
Marmolada
Canazei
Moena
Predazzo
Cavalese
Agordo
Alleghe
Ora Auer
Dolomiti
Val Badia
Val Gardena
Naturpark Puez-Geisler
Fanes - Sennes
M. Pelmo
M. Civetta
Tofana di mezzo
Sasso Lungo
Langkofel
P.so Pordoi
P.so di Falzarego
P.so di Valparola
P.so Sella
Sellajoch
P.so di Gardena
Grödner Joch
P.so di Campolongo
P.so di Giau
P.so di Fedaia
P.so di Valles
P.so di Rolle
P.so di S. Pellegrino
P.so di Costalunga
Karerpass
P.so Nigra
Nigerpass
P.so di Lavazè
Grande Strada delle Dolomiten
Dolomitenstraße
Valle di Fiemme
Plan de Corones
Kronplatz
Toblach
Dobbiaco
Caldaro
Kaltern
Laives Leifers
Monte Corno
Tires
Catinaccio
Rosengarten
Sciliar
Schlern
Plose
Seceda
Corvara
Arabba
Livinallongo
Pieve di Livinallongo
Falcade
Cencenighe Ag.
Caprile
Pozza di Fassa
Vigo di Fassa
Campitello di Fassa
Paneveggio
Bellamonte
Tesero
Ziano di Fiemme
Varena
Castelrotto
Kastelruth
Siusi
Seis
Chiusa
S. Martino in Badia
St. Martin in Thurn
La Villa
Stern
Colfosco
Kolfuschg
Selva d. V. G.
Wolkenstein i. Gr.
S. Cristina
Laion
Lajen
Funes
Villnöß
Bagni di Braies
Braies
Prags

Wo gibt es was?

Fähnchennummer = Textnummer ⓘ = Auskunft

Seiser Alm · Schlern ①–④

Die Hochfläche des größten geschlossenen Almgebiets Europas (gut 50 qkm, 1826 bis 2070 m hoch gelegen) wird ganzjährig besucht. Im Juni/Juli wird sie zum Blütenparadies, als beste Wanderzeit gelten außerdem Sept. und Okt.; Wintersaison ist, dank künstlich erzeugter Schneesicherheit, von Nov. bis April. Perfekt ist das Lift-, Wege- und Hüttennetz, und auch in der schneelosen Zeit ist die Alm über Sessellifte erreichbar, am zweckmäßigsten ab dem riesigen Parkplatz des Hotelorts *Compatsch*, den man von Kastelruth aus anfährt (Straße im weiteren Verlauf Richtung Gröden nur für Hotelgäste der inneren Seiser Alm geöffnet).

Von der welligen Hochfläche der Alm blickt man nach Osten auf die Langkofelgruppe (3181 m), nach Süden zum Rosengarten (3002 m), südwestlich zum Schlern-Massiv (2461 m). Der markante Berg ist das Herz des *Naturparks Schlern* (64 qkm), der ab der Saltner Hütte (1720 m) erwandert werden kann; das Schlernhaus beim Gipfel bietet im Sommer Unterkunft.

Kastelruth ①, dessen 5500 Einwohnern ein Mehrfaches an Übernachtungsgästen gegenübersteht, ist der behäbig wohlhabende Ort, zu dessen Gemeindegebiet die Alm zum größten Teil gehört. Seinem röm. Kastell folgte eine Burg (1262 zerstört); in den Bergfried wurden zwei Kapellen gebaut. Über dem Ort der Turm der Pfarrkirche Peter u. Paul (19. Jh.).

Seis ② mit seinen Villen und der spätgot. Kirche St. Valentin (Fresken, Bozener Schule) macht sich prächtig vor dem Schlern. Gut zu erwandern (30 Min.) ist die Ruine *Hauenstein*, Teilerbe und Wohnsitz des Oswald von Wolkenstein (um 1377–1445).

Der Erholungsort **Völs** ③, berühmt für seine Heuschwitzbäder, die nur Allergikern nicht zu empfehlen sind, war 1510 Schauplatz des ersten Hexenprozesses in Tirol (neun Frauen starben damals), initiiert vom Landeshauptmann Leonhard von Völs. Die Pfarrkirche Mariä Himmelfahrt (Spätgotik/Renaissance) birgt ein romanisches Kruzifix von ca. 1200; gleich alt ist St. Peter am Bühel, die erste Kirche am Schlern. Die doppelstöckige Michaelskirche (mit Totentanzmalereien von 1725) ist heute Museum. *Schloss Prösels* (4 km südl.), die Stammburg der Herren von Völs, wurde von Leonhard von Völs zum mächtigen Renaissanceschloss erweitert (Führungen April–Okt. di–so 11–15 Uhr).

Das 1000-jährige **Tiers** ④ und *Weißlahnbad* sind die Hauptorte des ruhigen **Tierser Tals**. Über den Nigersattel, von Bozen durch das **Eggental**, fährt man von dort auf die *Große Dolomitenstraße* zum *Sellajoch*. Am Weg liegt der märchenhafte *Karersee* auf 1609 m vor Latemar und Rosengarten.

Veranstaltungen: Mitte Jan. Kastelruther Bauernhochzeit mit Hoazetkuchl-Spezialitätenwoche u. Festzug mit Haflingerschlitten; Ende Mai Wolkenstein-Ritt von der Trostburg (S.31) über Kastelruth und Seis nach Völs; am Karersee zur selben Zeit König-Laurin-Schneefest; Anf. Juni ›Krausenwochen‹ mit ritterlichen Gastmahlen in Völs; im Okt. Knödelwochen in Kastelruth und Kuchlkastl-Spezialitätenwochen in Völs.

Aktivitäten/Sport: Ausritte (Pferdehöfe in Kastelruth u. Seiser Alm); Wandern, Mountainbiking (Verleih in Compatsch); Baden, Angeln, Bootsverleih am Völser Weiher; Golf-Club Karersee am Fuß des Rosengartens (9-Loch); Paragliding u. Drachen fliegen ab der Bergstation Lift Spitzbühel; Skisport (60 km Piste, 75 km Loipe), Pferdeschlittenfahrten und alle Wintersportarten.

ⓘ Tourismusverein Schlern,
Tel. 0471/706333, I-39040 Kastelruth;
Tourismusverein Völs, Bozner Str. 4,
Tel. 0471/725047, I-39050 Völs.

Grödner Tal (Val Gardena) ⑤–⑥

St. Ulrich ⑤, der Hauptort (5000 Einw.) des ladinischen Gherdëina, auf 1236 m etwa in der Mitte des 30 km langen Tals gelegen, lebt vom ganzjährigen Touristenrummel. Eine der Attraktionen ist die Holzschnitzerei, die in dem erst im Mittelalter durchgängig gerodeten Talbereich seit dem 16. Jh. heimisch ist. Die Schnitzschule von 1872 besteht heute noch; dazu gibt es das Gütesiegel ›hand-carved‹. 1856 wurde die Talstraße gebaut, 1915 die Grödner Eisenbahn (eingestellt 1960), und 1999 gab es eine prunkvolle 1000-Jahr-Feier. In dem voll bebauten Hotelort geht die barocke Pfarrkirche St. Ulrich (1797) fast unter. Pflicht ist der Besuch des Heimatmuseums, in dem die Geschichte der Schnitzkunst (inkl. Holzspielzeug) gezeigt wird (di–fr 15–18.30, Juli/Aug. auch 10–12 Uhr). Aktuelle Schnitzkunst in den Werkstätten und Läden des Dorfs; beispielhaft die ›Musterschau‹ im Kongresshaus (Weihnachten bis Ostern u. Ende Juni bis Mitte Okt. mo–sa 10–12, 15 bis 19 Uhr). Luis-Trenker-Fans finden das Grab des Filmemachers und Bergsteigers (1892–1990) auf dem Friedhof, sein Denkmal an der Trenker-Promenade.

Fresken der Bozner Schule zieren *St. Jakob* (90 Min. zu Fuß hinauf auf 1566 m), die älteste Kirche des Tals im gleichnamigen Bergdorf, malerisch vor dem Langkofel gelegen. Auch **St. Christina** ⑥, das mit dem baulich fast eingemeindeten *Wolkenstein* kurz vor dem Talschluss liegt, profitiert von der durch Geislerspitzen und Langkofel gebildeten Kulisse. Zwei Burgen setzen zusätzliche Akzente: die *Fischburg* der Wolkensteiner (Renaissance, Privatbesitz) und die *Ruine Wolkenstein* (13. Jh.), Wanderziel in den Felsen über dem Eingang zum **Langental**, das als eines der schönsten Dolomitentäler gilt (4 km langer Spazierweg).

Veranstaltungen: Triathlon-Wettkampf Dolomiti Superbike im Juli; Grödner Musikwochen Anf. Sept mit intern. Künstlern.

Aktivitäten/Sport: Wandern u. Bergsteigen (geführte Kletter- u. Gletschertouren durch Bergführervereinigungen, die auch Ausrüstung verleihen); Wintersport von Alpin über Langlauf (Skibusse kostenlos) und Rodeln bis zum Eissport. Alle ladin.Täler berührt man mit der ›Sella Ronda‹ über ein Netz von Abfahrten und Liften (5–6 Std.).

ⓘ Tourismusverein Gröden, Reziastr. 1,
Tel. 0471/796328, I-39046 St. Ulrich.

Gadertal (Val Badia) ⑦–⑩

Der Unterschied ist spürbar: Wer sich diesem ladinischen Tal vom Grödner Joch aus nähert, trifft auf eine moderne Wintersportregion, zu der sich die Orte des Hochabteitals unter dem Label ›Alta Badia‹ zusammengeschlossen haben. Vom Pustertal aus dagegen wird deutlich, wie schwer zugänglich das Tal einst war, wird der Eintritt in die rätoromanische Welt authentischer.

Die Route von Nord nach Süd: Bei *Zwischenwasser* (9 km südl. Bruneck) biegt man nach **St. Vigil** ⑦ ab (Rokokokirche 1781/82; jugendorientierter Skizirkus); die Pederü-Hütte ist Start für Wanderungen in den *Naturpark Fanes-Sennes-Prags*. Über den Abzweig zum Furkelsattel erreicht man die Wallfahrtskirche von *Enneberg*.

St. Martin in Thurn ⑧ unterhalb Schloss Thurn (privat) ist Sitz des Ladinischen Kulturinstituts ›Micurà de Rü‹ (Video- u. Audiothek, mo–fr 10–12, 15–17 Uhr); Abzweige von hier ins bäuerliche *Campilltal* (ideal für Höfewanderungen) oder über das Würzjoch (2006 m) zur Plose bei Brixen. Von *Wengen* (4 km südl. St. Martin), ein wenig abseits der Gaderstraße, lassen sich in die Hänge gebaute Weiler mit dicht gedrängten Höfen erwandern, den ›Viles‹.

Steil bergan geht es bei **St. Leonhard** ⑨ (1371 m); dort Rokokokirche und die Wallfahrtskirche Heiligkreuz auf 2045 m am Fuß der Steilwände (Gondellift). Ladinisches Werkzeug, Fossilien und das Skelett eines Höhlenbären birgt das ›Pic Museo Ladin‹ (Ende Juni–Mitte Sept. tgl. 16–19 Uhr) in St. Kassian (7 km südöstl.).

In den Hoteldörfern **Corvara** ⑩ und **Kollfuschg** unterhalb von Sella-Gruppe und Sas Songher (2665 m) gibt es neben 2 Großkabinen-, 1 Gondelbahn, 22 Sessel- und 32 Schlepplifte auch Traditionelles: in der Pfarrkirche von Corvara den einzigen Flügelaltar (um 1520) des Gadertals.

Veranstaltungen: Schneeskulpturen-Festival in St. Vigil Ende Jan.; im Winter Pferdeschlittenrennen in *La Villa* und Heuschlittenrennen auf hölzernen Hornschlitten in Kollfuschg; überall Wiesen- und Sommerfeste zu Mariä Himmelfahrt (15. Aug.).

Sport: Golfen auf 1700 m (9-Loch-Anlage) hinter Corvara (Club Alta Badia); Radwandern; alle Wintersportarten.

ⓘ Tourismusbüro, Tel. 0474/523175,
I-39030 St. Martin in Thurn;
Tel. 0471/836176, I-39033 Corvara.

Maßstab 1:250.000 (0 – 2,5 – 5 – 7,5 – 10 – 12,5 km)

Der ›Paulser Dom‹ in Eppan ist der höchste Kirchturm des Überetsch. Er blickt auf ein properes Dorf und Weingärten rundum.

Südtirols Süden, Land der Wein-Heiligen

Dass es im Paradies nur halb so schön sei wie hier, ist für viele Bewohner des Südtiroler Südens eine ausgemachte Sache. Und für so manchen Besucher: ›Alles‹, schrieb etwa Goethe 1786 in sein Italien-Tagebuch, ›hat hier schon mehr Kraft und Leben, die Sonne scheint heiß, und man glaubt wieder einmal an einen Gott.‹ Goethe war, wie man weiß, der Suche nach der Wahrheit im Weine nicht abgeneigt. Wollte man es ihm verübeln? Fest steht allemal: Nirgends zwischen Himmel und Erde schmecken Verantsch, Gewürztraminer und Lagrein besser als hier. In ihrer Heimat rund um Eppan, Kaltern und Tramin.

△ Sie gelten als die besterhaltenen romanischen Fresken Tirols: Malereien in der Burgkapelle auf Hocheppan

△ Drei Burgen: Schloss Korb, darüber die Ruine Boymont, hinten rechts Hocheppan

△ Im Eppaner Ortsteil Girlan gibt es Blasmusik … … zum Kellerritt im Mai ▽

Am Rande Bozens: Schloss Sigmundskron ▽

Gut haben sich die Menschen eingerichtet im sonnigen Süden Tirols. Hier wird schon der Frühling ein ›kleiner Sommer‹ genannt, und der Herbst ist golden und nur ausnahmsweise neblig. Der rundum gepflegte Eindruck der ausgedehnten Obstgärten im Tal der Etsch und der endlosen Rebreihen im höher gelegenen Überetsch lässt viele großzügig über die Spuren des überzogenen Einsatzes von Herbiziden und Insektiziden in den modernen Monokulturen des Obstanbaus hinwegsehen.

Noblesse hinter Mauern

Dafür, dass die 86 Burgen und Ansitze die Harmonie dieser Landschaft nicht stören, sondern ihr an den schönsten Punkten buchstäblich die Krone aufsetzen, gibt es mindestens zwei Gründe: Die meisten dieser festen Häuser waren gar nicht so ernst gemeint, wie sie sich geben. Und die Baumeister, die sie im Auftrag ihrer das irdische Eden suchenden noblen Herren errichteten, fanden mit dem ›Überetscher Stil‹ eine gelungene Mischung von florentinischer Renaissance und nördlicher Gotik, die sich so recht zum Relaxen eignet.

Wie bequem es sich in so einem Refugium lebt, davon kann man sich in den Ansitzen überzeugen, die heute als Hotels anspruchsvollen Gästen offen stehen. Von dem Komfort, der hier geboten wird, hätten die alten Rittersleut' nicht zu träumen gewagt.

Weingärten, Schlachtfelder

Die Harmonie im Süden ist eine uralte und glückliche Erfindung des Bozener Unterlands, die zu Unrecht vom ›neuzeitlichen‹ Sprachenstreit überschattet wird. Der Süden war schon immer mehrsprachig, ein Raum des Übergangs. Die italienischen Erben der römischen Cäsaren trafen sich hier mit den zuwandernden Langobarden, Franken, Bajuwaren und der österreichischen Herrschaft aus dem Norden. Heraus kam eine Idylle, zu der selbst die trutzigen, in tatsächlich blutigen Schlachten erprobten Burgen des frühen Mittelalters passen. Ihre zum Teil großzügigen Ruinen erinnern an den Kampf der Grafen von Eppan gegen die letztlich siegreichen Grafen von

△ Seit hundert Jahren in Gebrauch: Holzfässer in der Kellerei Walch in Tramin

Stahltanks in der Kellereigenossenschaft Eppan ▽

△ Typisch im Unterland: alte Ansitze in St. Pauls

Lese von Hand in Kaltern ▽

Kundige Schnüffler: Internationale Gewürztraminer-Verkostung in Tramin ▽

Speck, Brot, Wein – die klassische ›Brettl-Jause‹ ▽

Tirol. Dass mit diesem Sieg auf das traditionell rätoromanisch geprägte Unterland eine germanisierende Umerziehung zukam, wird von fundamentalistischen Kulturdeutschen schon einmal gerne verdrängt.

Für die meisten Menschen in den Dörfern an der Südtiroler Weinstraße durchs Überetsch gibt es ohnehin eine goldene Regel: dass gute Nachbarschaft und eine herzlich offene Gastfreundschaft gut fürs Geschäft sind. So teilt man gern den Anblick der Herrensitze, der Burgruinen auf den Felsspornen und der blumengeschmückten Dörfer bei einem ›Glasl‹. Dabei werden die Schemel und Bänke der Jausenstationen und Gasthöfe um so bequemer, je länger man hocken bleibt.

Auf den Mendelpass

Wer sich trotz der vielen Einkehrmöglichkeiten neugierig auf den Weg macht, um Burgen, Schlösser und Dörfer entlang der Weinstraße oder auch abseits von ihr zu erwandern, hat die Qual der Wahl. Die Welt von oben überblickt, wer vom Kalterer Ortsteil St. Anton aus den Buchenwald durchwandert und nach zweieinhalb Stunden den Mendelpass erreicht. Noch einmal 700 Meter höher und unvergleichlich in seinem Blick über die Überetscher Sonnenterrasse lockt der Gipfel des Roën südlich des Passes. Wer den knapp dreistündigen Aufstieg frisch angehen will, kann sich auch mit der Standseilbahn von Kaltern aus auf den Mendelpass bringen lassen. Von dort lässt sich im Übrigen auch leicht der nördlich gelegene, turmgekrönte Aussichtsberg des Penegal in nicht mal eineinhalb Stunden erreichen.

Wo die Ritter Knödel aßen

Türme verspricht auch die an einem Nachmittag gut zu schaffende Burgenrunde. Von St. Pauls geht es über Schloss Korb, heute Hotel, durch Reben hinauf zum Stammsitz der Hocheppaner. Dort findet sich der Urvater aller Südtiroler Knödel in einem bemerkenswerten Freskenzyklus aus der Romanik auf dem Teller einer liebenswürdigen Dame an den Wänden der Burgkapelle. Der fast das ganze Jahr über begehbare Rundweg führt über die Ruine von Schloss Boymont wieder talwärts.

△ *Marktplatz in Kaltern*

Grünbunte ›Biberschwänze‹ decken diesen Ansitz in Margreid ▽

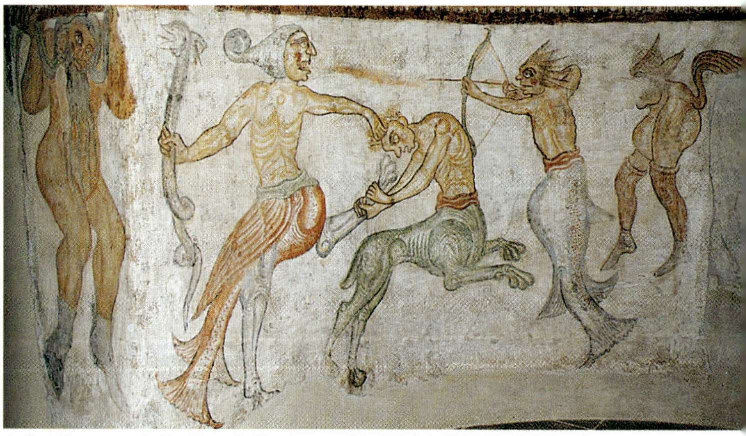

△ *Furcht erregende Bestien: die Fresken von St. Jakob in Kastellaz bei Tramin …*

△ … und die Darsteller beim Egetmann-Umzug in Tramin

Surfen Richtung Reben – auf dem Kalterer See ▽

Noch einen Schritt näher zur Ritterromantik bringen spektakuläre Veranstaltungen wie der ›Internationale Burgenritt‹, der von Eppan ausgeht. Gleich zehn Schlösser werden von mehreren Dutzend Rittern angeritten. Bei zünftigen Ritterspielen üben sich die martialischen Darsteller mit mehr oder weniger Geschick im Waffenhandwerk.
Ungleich friedlicher geht es beim ›Weinritt‹ entlang der Weinstraße zu, einer Exkursion zu historischen Weinhöfen und Kellereien, bei der, dem Namen zum Trotz, sicher niemand sattelkrank werden wird. Und selbst Einheimische werden an diesen für die Touristen erfundenen Apriltagen immer wieder überrascht, welche Seligkeit im Wein und im Entdecken auch ihnen oft noch unbekannter Winkel liegt.

2000 Sonnenstunden im Glas

Dabei ist es schon lange nicht mehr der Alkohol im Glas, der einen beim Genuss der Südtiroler Weine zum Hockenbleiben verleitet. Sie schmecken einfach gut, seit sich Qualitätsbewusstsein bei den Winzern durchgesetzt hat. Und so fällt es leicht, die Brücke von der traditionellen Kunst des Weinanbaus, wie sie im Südtiroler Weinmuseum umfassend dokumentiert wird, hin zu den modernen, exzellent ausgebauten edlen Tropfen zu gehen. Und das, ohne an die unzähligen Hektoliter schlechter Weine denken zu müssen, die über Jahre die Rebgärten um den Kalterer See in Verruf gebracht hatten. Wer das Museum in der Goldgasse von Kaltern-Markt verlässt, ist gut gerüstet, um seine frisch erworbenen Kenntnisse bei einem stilvollen Essen auf Schloss Ringberg in St. Josef am See auf ihre Praxistauglichkeit zu testen.

Surfen am Kalterer See

Von den fast 2000 Sonnenstunden und dem Sonnenspeicher des wärmsten aller Alpenseen profitieren aber nicht nur der Wein und seine Freunde. Der Kalterer See ist mit seinem breiten Schilfstreifen am Südufer ein bevorzugtes Areal für Wasservögel. Den eigentlichen See erleben Naturfreunde am besten im Frühjahr und im späten Herbst, also immer dann, wenn es den Wasser-

△ Stiller als Kaltern, architektonisch um so reizvoller: Neumarkt

△ Die Hauptstraße von Neumarkt: Bürgerhäuser, davor ein uralter Brunnen

New-Age-Kultplatz: Castelfeder bei Auer ▽

△ Bei der Maifeier in Auer

Papst Johannes Paul II. war hier: Maria Weißenstein bei Deutschnofen ▽

sportfreunden, die meist vom Westufer aus Zugang zum See suchen, noch oder wieder zu ungemütlich ist. Sie bevorzugen die langen Tage des Hochsommers für ihre Wenden und Halsen: Segeljollen und Surfbretter sind dann am und auf dem See an manchen Tagen weitaus zahlreicher als Sonnenschirme und Luftmatratzen.

Wurzeln aus heidnischer Zeit

Weit vor das Mittelalter reichen die Wurzeln des Egetmann-Brauchtums, das der Traminer Fasnacht ein besonderes Gepräge gibt. Und das so gut zu den heidnisch-christlichen Monster-Fresken von St. Jakob in Kastellaz passt. Schon zu dieser Jahreszeit fängt das Unterland zu blühen an. Baum um Baum reihen sich die Obstplantagen im breit gewordenen Trogtal der Etsch, wo Südtirol bei dem fast schon ein wenig städtisch wirkenden Salurn endgültig endet. Wer hier, fast vor den Toren Roms, nur fromme Katholiken erwartet, kann sich an Hand der Geschichte der Haderburg eines Besseren belehren lassen. Die auch als Ruine noch beeindruckende, mit einigen Mühen zu erwandernde Feste war lange ein Zentrum der Wiedertäufer und Lutheraner.

Mit Blick auf den Rosengarten

Ein wenig im Schatten des Weinlandes stehen die Orte auf dem Ostufer der Etsch. Zu Unrecht, denn Neumarkt und Auer sind lebendige Orte, Neumarkt als historischer Warenumschlagplatz, der die nach einem Hochwasser im 12. Jahrhundert neu gegründete Siedlung zum wichtigsten Ort des Unterlandes machte, Auer als das Bauerndorf schlechthin, inmitten von Wein- und Obstgärten, dessen Bedeutung mit dem Wachstum eines kleinen Industriegebiets am Rande zunimmt.

Zu den ebenfalls noch nicht überlaufenen Gebieten gehört der kulturell vom Bozener Unterland mitgeprägte Mittelgebirgszug des Regglbergs. Von ihm geht der Blick nach Osten auf die Felsspitzen des Latemar und des Rosengartens. Welschnofen als ladinische Gründung und Deutschnofen mit dem Wallfahrtsort Maria Weißenstein sind sehenswerte Stationen am Regglberg.

108
94
54
68
30
BOLZANO
BOZEN
Gries
Bolzano-Sud
Eppan
Appiano
Caldaro
Kaltern
Mendelpass
Ora Auer
Egna
Neumarkt
Salorno
Salurn
Mezzocorona
Mezzolombardo
S. Michele all'Adige
Lavis
TRENTO
Pergine Valsugana
Levico Terme
Caldonazzo
Borgo
Strigno
ROVERETO
Rovereto Nord
Folgaria
Lavarone
Cles
Cavalese
Predazzo
Molina di Fiemme
Tésero
Parco Naturale Adamello-Brenta
Parco Reg. Monte Corno
Piramidi di Segonzano
Cembra
Val di Non
Paganella
Terlano
Terlan
Merano
Lana
Fondo
Malé
Madonna di Campiglio
Vezzano
Tione
Castel Beseno
Calliano
Besenello
Aldeno
Romagnano
Mattarello
Vigolo Vattaro
Bosentino
Centa S. Nicolò
Vattaro
Tenna
Ischia
Falesina
Roncegno
Telve
Scurelle
Castelnuovo
Samone
Bieno
Spera
Carzano
Novaledo
Marter
Barco
Selva
Roncogno
A22
E45
12
42
43
47
48
238
241
349
350
612
620

Wo gibt es was?

Fähnchennummer = Textnummer ⓘ = Auskunft

Eppan (Appiano) ①

In 52 der 116 Gemeinden Südtirols wird Wein angebaut – und die neun bekanntesten liegen im Einzugsbereich der Landesstraße 14, der ›Weinstraße‹ oder ›Strada del Vino‹. Von Lana (Seite 95) ausgehend, erreicht sie ihr Kerngebiet auf den Höhen des Überetsch mit den Gemeinden Eppan, Kaltern und Tramin, bis sie mit der Sprachgrenze bei Salurn endet. Eppan (12 000 Einw.) mit den Fraktionen *St. Michael* (Verwaltungssitz mit reichem Ortskern) sowie *St. Pauls, Missian* und *Girlan* ist der erste Höhepunkt der Weinstraße.

Sehenswert sind die zahlreichen Ansitze (große Höfe der Weinbauern) im Gebiet St. Michael und die teils als Hotels genutzten Schlösser Gandegg und Freudenstein. Imposant Burg *Hocheppan* (1125–30), einst Sitz der Grafen von Eppan, heute eine mächtige Ruine mit Panoramablick und roman. Fresken in der Kapelle (April–Nov.; Schlüssel in der Burgschenke). Näher zur Etsch liegt das Schloss *Sigmundskron* aus dem 10. Jh., im 15. und 16. Jh. zur größten Festungsanlage Südtirols ausgebaut, heute eine wenig gepflegte, aber eindrucksvolle Ruine. Im Ansitz Moos-Schulthaus wird alte Tiroler Wohnkultur gezeigt (Führungen Ostern–Okt. di–so 10–17 Uhr). Der gotische ›Dom‹ von *St. Pauls* (Führung di 10 Uhr, Anm. unter Tel. 663225) steht inmitten des ebenfalls wohlhabend-malerischen Weindorfs. Aus dem Ortsteil *Girlan* kommen absolute Spitzenweine.

Veranstaltungen: Eppaner Burgenritt (Mitte Mai) mit Ritterspielen; Paulser Dorffest (Sept.); Krippenausstellung in St. Pauls (Ende Nov.–Ende Dez.).

Aktivitäten/Sport: Aus dem ›Weinritt‹ der Weinhändler zum Abkassieren der Kunden wurde eine ganztägige Kleinbustour zu historischen Weinhöfen mit kulinarischen Etappen und fachkundig begleiteten Weinproben (Mitte April–Mitte Mai und 1. Sept.-Hälfte; Anm. im Tourismusbüro).

Wandern auf dem ›Eppaner Höhenweg‹ unterhalb des Mendelhangs oder über die Burgenroute von Missian über Schloss *Korb* (heute Hotel) und die Burgruine *Boymont* (1230) nach Burg Hocheppan; Rad fahren um und Schwimmen in den beiden Montiggler Seen, dazu Bootsverleihe und Angelmöglichkeiten; normales, therapeutisches und Wander-Reiten am Montiggler Wald (Info Tel. 661090).

ⓘ Tourismusverein, Rathausplatz 1,
Tel. 0471/662206, I-39057 Eppan.

Kaltern (Caldaro) ②

Lange ein Synonym für Wein in 2-Liter-Flaschen, ist Kaltern heute ein fast ganzjährig turbulentes Touristen- und Weinzentrum mit langer Vergangenheit.

Sehenswert sind der Marktplatz und die Hauptstraße, deren stattliche Häuser aus dem 16. und 17. Jh. den Wohlstand der Bürger verraten. Im Ansitz Di Pauli Weinbaumuseum zur 3000-jährigen Geschichte dieser Kulturtechnik (Goldgasse1, Ostern bis Okt. di–sa 9.30–12, 14–18, so 10–12 Uhr); die bäuerliche Weinkultur früherer Zeiten findet man in den Ortsteilen Mitterdorf (St. Katharina, 15./16. Jh., Fresken der Bozener Schule) und Oberdorf (St. Nikolaus mit Ornamentmalereien eines Sohns von Tilman Riemenschneider), ferner in St. Anton (Fresken in der Kirche). Einen guten Blick hat man von der Leuchtenburg (um 1250) über dem Ostufer des Sees.

Veranstaltungen: Segel-Regatten am Kalterer See (April/Mai u. Sept.); Oldtimer-Treffen ›Südtirol Classic Rallye‹ im Juli; Marktfest Ende Juli, anschließend Weinfest im Aug.; Weinverkostung Anf. Sept.; Kunsthandwerks-Ausstellung im Okt.

Aktivitäten/Sport: Obst- u. Weinseminare (April–Juni). Auf dem Kalterer See alle Arten von Wassersport (mehrere Badeanstalten, Surfbrettverleih u. Kurse, Tel. 960273; Segeln, Tel. 281555). Wandern um den Hausberg Mendel (1363 m, Standseilbahn ab St. Anton) oder nach *Altenburg* (2 km südl. Ortsmitte; Kirche mit Außenfresken) und weiter nach St. Peter, einer der ältesten Kirchen des Landes, eingebaut in eine vorgeschichtliche Wallburg und heute Ruine.

ⓘ Tourismusverein, Marktplatz 8,
Tel. 0471/963169, I-39052 Kaltern.

Tramin (Termeno) ③

Der Heimatort des Gewürztraminers strahlt mit seinen behäbigen Hofen und Ansitzen Selbstbewusstsein und Gelassenheit aus.

Sehenswert ist das Ortsbild selbst, dazu die Fresken der Friedhofskirche aus venezianischer Schule (Schlüssel bei Familie Sinner, Haus am Friedhof), von unerwarteter Güte das Dorfmuseum (April–Nov., di–fr 10–12, 16–18, sa 10–12 Uhr). Oberhalb des Dorfs sollte man die überaus skurrilen heidnisch-christlichen Fresken von St. Jakob in Kastellaz (linkes Schiff, im rechten Schiff gotische Fresken; Schlüssel nebenan bei Familie Malojer) nicht versäumen (Achtung: Fotografieren verboten).

Umgebung: In *Kurtatsch* (4 km südl.), auf 333 m etwas erhöht über dem Tal gelegen, schöne Ansitze; von dort Höhenstraße zum Fennberg und dem Fenner See auf 1084 m. Noch ein Geheimtipp ist *Margreid* (5 km südl.) unterhalb des Steilhangs des Fennbergs, mit Ansitzen, Weinhöfen und einem pittoresken Schlosspark mit Grotten und Wasserspielen rund um den Ansitz Turmhof im Ortsteil Entiklar.

Veranstaltungen: Nur in ungeraden Jahren ist am Faschingsdienstag Egetmann-Umzug, d. i. ein Hochzeitszug der wilden Masken mit Kampf zwischen Gut und Böse. Kultur-Wanderwoche im April; Gewürztraminer-Verkostung Anf. Mai; ›Traminer Herbsttag‹ (Törggelen, Folklore usw.) im Okt.

Aktivitäten/Sport: Erlebnisfreibad; Wandern ab Tramin zum Roen (2116 m) oder ab Margreid auf dem Fennberger Klettersteig; Klettergarten in Kurtatsch (Tel. 880100); geführte Bike-Touren.

ⓘ Tourismusverein, Rathausplatz 11,
Tel. 0471/860131, I-39040 Tramin.

Neumarkt (Egna) ④

4000-Seelen-Gemeinde am östl. Ufer der Etsch, urspr. die römische Station ›Egna‹, 1189 nach einem Hochwasser als ›Neuer Markt‹ neu entstanden mit ansehnlich restaurierter, autofreier Innenstadt. Bis zum Bau der Eisenbahn wichtiger Umschlagplatz an der hier im Mittelalter noch schiffbaren Etsch, heute lebendiger Hauptort des Unterlandes.

Sehenswert die Laubenhäuser mit niedrigen Bögen und das Ballhaus, wo einst die Ballen der Händler lagerten, und das Museum für Alltagskultur (April–Nov. di–fr 16 bis 18, so 10–12 Uhr, di auch 9.30–11.30 Uhr), dessen Sammlung mit Gegenständen von 1815 beginnt. Die Pfarrkirche St. Nikolaus, urspr. romanisch, wurde gotisiert, dann barock ausgestattet. Im Ortsteil Vill die Frauenkirche (15./16. Jh.), ein Spitzenwerk der Tiroler Hochgotik.

Umgebung: *Salurn* (9 km südl.), südlichster Ort Südtirols, an einer Engstelle der Etsch, zugleich deutsch-italien. Sprachgrenze, ist reich an Renaissance- und Barockhäusern; vor dem nahen Geiersberg steht die Ruine der schwer zugänglichen Haderburg (12. Jh.). 5 km nördl. Neumarkt liegt das uralte *Auer* im Schwemmland der Etsch, das heute z.B. 8 Stufen hoch über dem Eingang zur roman. Pfarrkirche St. Peter liegt. In der Nähe das Ruinenfeld der großen vorgeschichtl. Siedlung *Castelfeder*; auf einem Weinhügel St. Daniel (um 1400; Fresken). Weiter nördl. in *Leifers*, fast schon zu Bozen gehörig, ein Schiffsmuseum (Modelle gesunkener Schiffe des 20. Jh.; Mai bis Nov., mo/di, do–sa 16–20 Uhr).

Östlich von Auer das ausgedehnte Wandergebiet des *Regglbergs*, eines Höhenzugs mit zahlreichen Tälern und alten Weilern am Weg zum bedeutendsten Wallfahrtsort Südtirols: Maria Weißenstein bei *Deutschnofen*, eine großzügige, 1988 vom Papst besuchte Klosteranlage mit barocker Kirche, einer Sammlung von Votivgaben – und fantastischer Sicht zum Rosengarten.

Veranstaltungen: Flohmarkt in Neumarkt jeden 3. Sa im Monat; Torbogenfest in Salurn zu Pfingsten; Weinverkostung mit Seminaren und Wahl der Weinkönigin in Neumarkt Mitte Okt.; Apfeltage im Okt.

Aktivitäten/Sport: Wandern u. Mountainbiken im *Naturpark Trudner Horn* (6660 ha); Reitausflüge ab Seit/Leifers (Tel. 250500); Golf in *Aldein* (11 km nordöstl. Auer, Club Petersberg, 18-Loch, April–Okt.).

ⓘ Tourismusverein, Laubengasse 28,
Tel. 0471/812373, I-39044 Neumarkt.

Maßstab 1:250.000 — 0 2,5 5 7,5 10 12,5 km

Trotz aller Mechanisierung: Geerntet wird in Europas größtem Obstanbaugebiet noch immer von Hand.

Meraner Land – wo die Welt nach Äpfeln duftet

Im Meraner Land, im Etschtal von Lana bis hinüber nach Bozen, ist der Speiseapfel zu Hause. Golden Delicious und Pink Lady heißen die Stars unter den Sorten; wirtschaftlich ist kein Obstanbaugebiet der Welt so effizient wie dieses, und wenige sind ähnlich groß. Und mittendrin liegt Meran: eine properheitere Kurstadt, der man nicht anmerkt, dass sie einmal als ›Kuhstadtl‹ begann, dass sie eine kleine Stadt in einem kleinen Land ist. Gepflegte Schönheit und ständig präsente Ferienstimmung geben dem um die 35 000 Einwohner zählenden Ort eine Weltläufigkeit, in der sich jeder sofort wohlfühlt.

△ Jung und Alt in Meran: Die Kurpromenade gehört allen

Die Meraner Lauben sind länger als die in Bozen ▽

△ Marmorne Legende: Kaiserin ›Sisi‹ ist in Meran unvergessen

△ Das Kurhaus von Meran nährt den Traum von ewiger Jugend

Im Palace Hotel: Adelsambiente für bürgerliche Gäste ▽

Es ist die zweite Karriere der Stadt zu Füßen des Küchelbergs, die nach glanzvollen Zeiten als Landeshauptstadt der Grafschaft Tirol ab 1420 die Residenz an Innsbruck, die Münze an Hall und danach immer weitere Funktionen verlor und für drei Jahrhunderte zum ›Kuhstadtl‹ herunterkam. Um die 150 Rindviecher ›residierten‹ anfangs des 18. Jahrhunderts in den Lauben der Altstadt – dort, wo sich heute Menschen aus aller Welt in Boutiquen und Geschäften drängen. Es fällt leicht, in dieser Welt der noblen Düfte, Trachten- und Feinkostläden, Cafés und Restaurants aufzugehen, die gleichzeitig international wirkt und zutiefst bodenständig. Diesen Spagat macht Kur-Meran jeden Tag, nicht zuletzt mit Hilfe seiner über zwei Millionen Übernachtungsgäste pro Jahr.

Und so passen zu Meran die kräftigen, ein wenig gedrungenen Haflinger-Pferde, die am Ostermontag die Rennsaison auf der Galoppbahn eröffnen. Im September gehört die auf Hindernisrennen spezialisierte Bahn dann den Vollblütern, deren Elite beim Großen Preis von Meran, einem der höchstdotierten Jagdrennen Europas, aufgaloppiert. Und auch dieses hochkarätige gesellschaftliche Ereignis wirkt nicht aufgesetzt.

Gesund mit Milch und Molke

Überhaupt haben die Gegensätze der Stadt etwas von einer Fundgrube an sich, die eigentlich jeden glücklich machen kann. Die Sammlungen des Frauenmuseums, das so ziemlich alles präsentiert, was in den letzten 200 Jahren an Mode und Accessoires schick oder nützlich war, sind nicht nur etwas für bedeckte Tage. Fast mühelos schlägt man den Bogen ins Meran der Kaiserin Elisabeth von Österreich, die hier wie anderswo als ›Sisi‹ verehrt wird. Während sie und ihre Zeitgenossen gute Gründe hatten, die heilenden Kräfte des trockenen Klimas zu suchen, lässt sich die Anwesenheit der Totenmaske des Franzosenkaisers Napoleon I. im Stadtmuseum nicht so leicht einordnen.

Natürlich macht ein gutes Klima allein noch keinen Kurort. Da musste erst der Dr. Josef Huber daher kommen und die Meraner Milch-, Mol-

△ Mutter und Kind: Pferde aus Hafling

Verspielte Romantik: die Brunnenburg bei Dorf Tirol ▽

△ Magie in Stein auf Schloss Tirol

Ohne Turm, dafür bequem: Schloss Schenna ▽

Idylle für den Erzherzog und seine große Liebe: der Innenhof von Schloss Schenna ▽

ke- und Traubenkur erfinden. Dass er der Leibarzt der Fürstin Schwarzenberg war, ebnete seiner Kur und der Stadt den Weg in eine glückliche Zukunft. Doch so prominent die Gäste waren – es kamen zunächst nur wenige. Mitte des 19. Jahrhunderts zählte man an die 350 Kurgäste im Jahr, die aber fast alle zum Bluts- oder Geldadel gehörten. Doch ihr Aufenthalt beflügelte die Fantasie der Meraner, und so entstanden Kuranlagen und 1874 das prächtige Kurhaus. Das leichtfüßige Flair zwischen Klassizismus und Jugendstil blieb erhalten. Ob die medizinischen Anwendungen oder das radonhaltige Thermalwasser Meran indes wirklich zur Kurstadt oder eher zu einer Badestadt mit Kur-Atmosphäre machen, kann dahingestellt bleiben. So lange jedenfalls, wie die Gäste immer wieder diese Garten- und Parkstadt – besonders reizvoll: der Ortsteil Obermais – mit ihren Promenaden und Spazierwegen gern besuchen.

Unglückliche Frau Maultasch

Zu den Förderern Merans zählte Erzherzog Johann von Österreich. Schloss Schenna wurde ihm zum bequemen Heim, das er mit seiner überhaupt nicht standesgemäßen Frau Anna teilte, Tochter des Postmeisters Plochl. Diese Mesalliance kippte ihn aus der Riege der gesellschaftsfähigen Habsburger – was die Standesgenossen nicht hinderte, ihn in seinem Refugium zu besuchen. Dabei mag er mitunter an das Schicksal der Margarethe Maultasch gedacht haben, deren Verzicht auf die Herrschaft im 14. Jahrhundert den Habsburgern überhaupt erst Tirol eingetragen hatte. ›Die häßliche Herzogin‹, wie Lion Feuchtwanger sie in seinem Buch nennt, gehört zu den großen und tragischen Figuren Südtirols. Den ersten Mann setzte die Landesherrin als 23-Jährige vor die Tür. Der Bischof, der nach dem Willen des Kaisers ihre zweite Ehe schließen sollte, stürzte vom Pferd und verstarb. Päpstlicher Bann für das junge Paar, früh verstorbene Töchter, ein Sohn, der einen tödlichen Jagdunfall erleidet, ein Mann, den der Schlaganfall dahinrafft, dazu Naturkatastrophen und Krankheiten – die Herzogin auf Schloss Tirol war eine unglückliche Frau.

△ Bäuerliche Burgen wie der Schildhof Saltaus – heute ein Hotel – sind typisch für das Passeiertal

△ St. Leonhard, Heimat des Andreas Hofer

△ Trügerisch ruhig: die Passeier im Sommer

Die schönsten Wasserfälle des Passeiertals brechen bei Stuls den Fels hinunter ▽

Am Jaufenpass ▽

Schildbauern, Barfußkämpfer

In diese Zeit zurück reicht auch die Gründung der Schildhöfe im Passeiertal. Das zum Timmelsjoch ansteigende Tal zwischen Sarntaler Alpen und Texelgruppe scheint auf der Karte der schnellste Weg von Nord nach Süd. Aber die kurvenreiche Strecke ist ein natürlicher Bremsweg für Eilige – denen dafür eine noch recht ursprüngliche Tallandschaft geboten wird. Elf der uralten Schildhöfe gibt es hier, in gewisser Häufung um St. Leonhard und St. Martin. Sie wirken zumeist wie der heute als Wirtshaus genutzte Hof von Saltaus oder das Steinhaus auf einer Anhöhe über St. Martin fast schon wie ausgewachsene Burgen. Auf diesen saßen die Schildbauern, die dem Landesherrn in Kriegszeiten mit Schild, Waffen und zu Pferd zur Hilfe eilen mussten. Im Gegenzug durften sie ein Wappen führen, ihre Waffen mit in die Kirche und vor Gericht nehmen, und sie brauchten keine Steuern zu zahlen.

Dass sie auch unbewaffnet ihren Mann stehen, beweisen die Passeier beim ›Ranggeln‹. Diese althergebrachte Form des Ringsports führt die barfüßigen Ranggler auf einer umzäunten Wiese zusammen. Die ›Kampfkleidung‹ besteht aus weißem Hemd und Leinenhose, und das Kampfziel ist, den Gegner mit beiden Schultern auf den Boden zu drücken. Verbreitet ist das Ranggeln noch im Sarntal und im Ahrntal; ›auswärtige‹ Gegner kommen aus Bayern, Österreich und der Schweiz.

Verrat am Sandwirt

Mörderisch ging es zu in jenem November 1809, als französische Truppen in einem mehrtägigen Gemetzel mit den Männern des Andreas Hofer kämpften. Auf St. Leonhards ›Franzosenfriedhof‹ wurden die Opfer begraben. Nicht allzu weit entfernt liegt der Sandhof, auf dem Hofer damals als ›Sandwirt‹ und Rosshändler lebte. Das Schicksal dieses legendären Freiheitskämpfers für die Tiroler Sache, dem der Kaiser eine große Ehrenkette verliehen hatte, wurde auf der Pfandleralm besiegelt, die man über Prantach erreicht. Auf dieser Alm erinnert eine Tafel an die Festnahme des Rebellen, Folge eines feigen Verrats.

△ Die Obstblüte verzaubert das Etschtal

Widerstand zwecklos: Traubenpresse im Obstbaumuseum von Lana ▽

△ Äpfel für Europa von Lanas Bäumchen

△ *Für Bibelfeste: Schnatterpeck-Altar in Lana*

Im Obstbaumuseum Lana: Hier sind die Äpfel die Stars ▽

Zu viele Äpfel fürs Paradies

Ein wenig flussabwärts von der Stelle, an der die Etsch die schnell fließende, von St. Leonhard bis fast ins Meraner Stadtgebiet für Wildwasserkanuten befahrbare Passer aufnimmt, liegt Lana. Für die Menschen der drei Ortsteile Ober-, Mitter- und Niederlana muss die Welt aus Äpfeln bestehen. Gut zehn Prozent der Apfelernte Südtirols kommen von hier und werden zum Teil direkt in Lana verarbeitet. Als idealer Exportapfel hat sich der saftige Golden Delicious durchgesetzt; er dominiert die Palette der modernen Sorten.

Die Erinnerung an die frühere Vielfalt findet sich im Obstbaumuseum, das im Ansitz Larchgut alles zeigt, was zur Apfelkultur Südtirols gehört. Und die reicht weit zurück, lange vor die Anfänge europäischer Marktordnungen: Die erste Landwirtschaftsgesellschaft zur Unterstützung der Obstbauern wurde bereits 1838 gegründet. Später wurde aus der Anbaukunst eine Wissenschaft, die von der künstlichen Beregnung bis zur Schädlingsbekämpfung alles systematisiert hat. Der fast schon industrielle Obstanbau hat sich seine eigene Idylle geschaffen, die in der Blütezeit eine weiße Wolke über die Obstgärten legt. Auch den gleichmäßig mit der Schere auf Ertrag getrimmten niedrigen Stämmen kann man die Ästhetik der Wiederholung abgewinnen, zumal, wenn die gelben und roten Äpfel in der Sonne leuchten. Und warum sollte es den Äpfeln besser gehen als dem Wein, der sich ebenfalls in Reih und Glied über die Hänge zieht?

Doch es soll nicht vergessen werden: Geld wurde auch hier verdient, als es die Apfelindustrie noch nicht gab, und die Alten haben es gut angelegt: Der figurenreiche Schnatterpeck-Altar in der Pfarrkirche gehört mit 14 Metern Höhe zu den größten Flügelaltären überhaupt. Acht Jahre sollte der Meister daran arbeiten und 1600 Gulden dafür erhalten.

Unter 2000-jährigen Lärchen

Ganz anders als die dressierte Landschaft um Lana erlebt man nach dem steilen Aufstieg zum Ultental die über Jahrhunderte weltabgeschiedene Heimat unglaublich

△ Urlaub hinter dicken Mauern: Die Wehrburg bei Prissian dient heute als romantisches Hotel

△ Weingut und Renaissanceschloss: die Schwanburg bei Nals

△ Handgerüttelte Spitzenqualität: Sekt aus Mölten

In Terlan: Hier sticht der Gast den Spargel selbst ▽

Nach der Arbeit und vor dem Essen schmeckt ein Terlaner Weißer ▽

alter Lärchen. Bis zu acht Meter Umfang werden bei den ältesten Exemplaren in der Nähe des Dörfchens St. Gertraud gemessen. Und beim Zählen der Jahresringe ist man schon einmal auf 2160 gekommen. Holzreichtum und gute Weiden waren schon früher geschätzte Vorzüge des Tals, das sich über 40 Kilometer bis zu den Gletschern der Ortlergruppe erstreckt.
Typisch für das Tal sind die dunkel verwitterten Holzhöfe, die in Gruppen in die Hänge gebaut sind. Es ist ein ruhiges Tal, das nach seinem schluchtartigen Beginn immer lieblicher wird, und dessen Hochalmen zum Wandern einladen. Den Wasserreichtum fängt man in Stauseen, die sich harmonisch ins Tal einfügen.

Im verborgenen Garten

Ebenfalls von Lana aus, aber in eine ganz andere Welt führt der Weg auf die Tisenser Mittelgebirgsstufe. Hier siedelten schon in vorgeschichtlicher Zeit Menschen, denen das Tal der Etsch zu sumpfig war. Kurz bevor man von der Straße zum Gampenjoch nach Tisens abbiegt, findet man am Ende eines langen Tunnels einen Parkplatz, von dem aus man in einem kurzen Spaziergang das kleine romanische Kirchlein St. Hippolyth mit dem schönsten Ausblick auf das ganze Burggrafenamt erreicht. An dunstfreien Tagen kann man von dort bis zu 20 Dörfer und an die 40 Burgen und Ansitze sehen. Dennoch sollte man sich losreißen, denn die nächste Überraschung wartet: eine fruchtbare Gartenlandschaft um Tisens voller Hügel und Senken mit verborgenen Weilern, wie man sie hier beim Blick aus dem Etschtal niemals vermuten würde.
Wer an keinen Zeitplan gebunden ist, hat jetzt Gelegenheit, innerlich ›umzubuchen‹ und die nächsten Tage in diesem Zipfel des ›Etschtaler Adelsparadieses‹ zu verbringen. Aber auch die Weiterfahrt über das von Burgen umgebene Prissian nach Nals (mit der zauberhaften Schwanburg) lohnt. Am anderen Ufer der Etsch liegt dann das für seine Spargelwochen und seinen Wein gerühmte Terlan mit der Ruine von Burg Neuhaus, die einst Lieblingssitz der Margarethe Maultasch war.

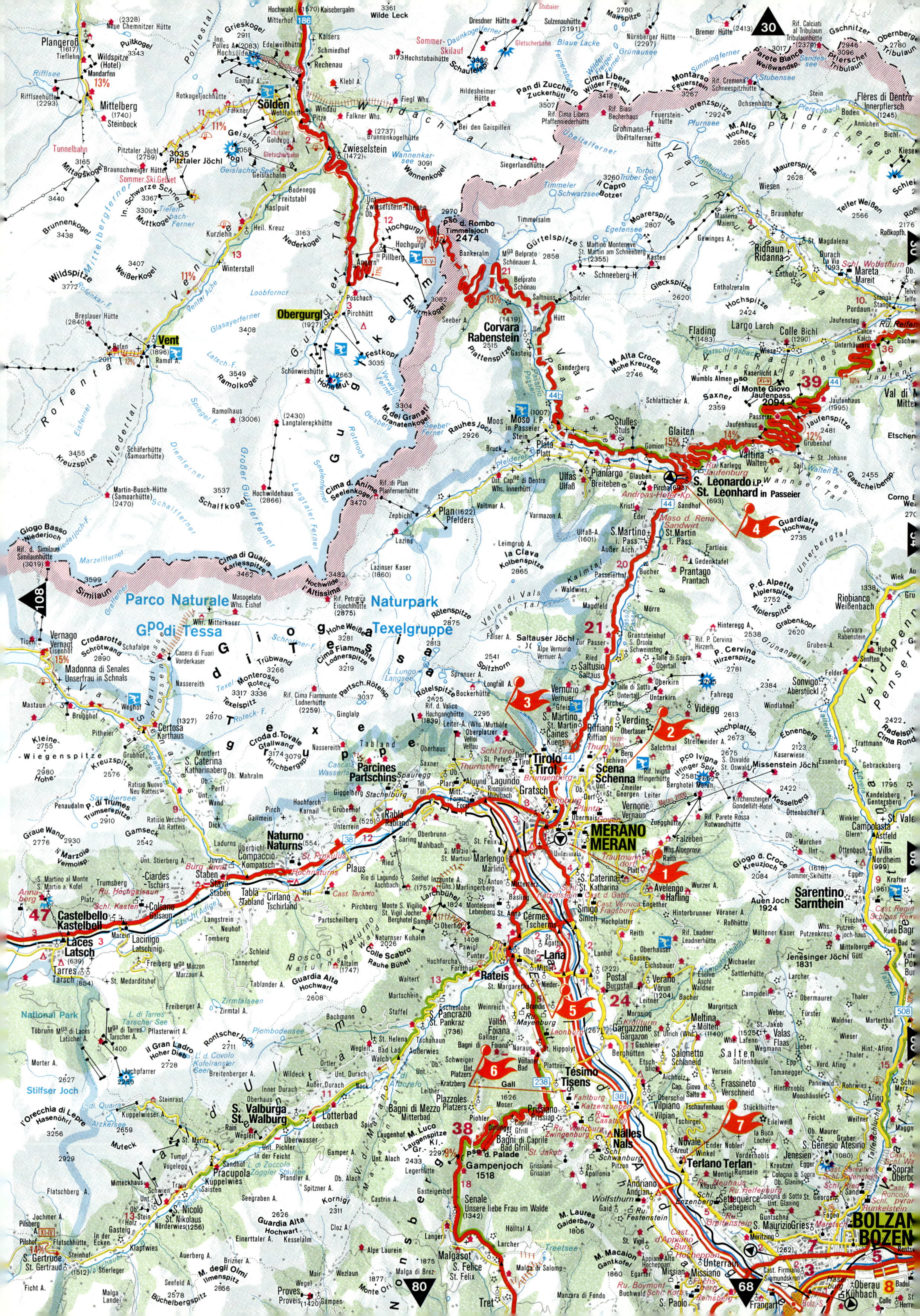
30
108
80
68
Sölden
Zwieselstein
Obergurgl
Vent
Mittelberg
Plangeroß
Pitztaler Jöchl
Wildspitze
Weißkugel
Similaun
Hochwilde
Pso. d. Rombo
Timmelsjoch
2474
Corvara
Rabenstein
Moso i.P.
Moos in Passeier
Plata
Platt
S. Leonardo i.P.
St. Leonhard in Passeier
Jaufenpass
Pso di Monte Giovo
2094
Vipiteno
Fleres di Dentro
Innerpflersch
Ridnaun
Ridanna
Parco Naturale
Naturpark
Gruppo di Tessa
Texelgruppe
Pfelders
Plan
Vernago
Vernagt
Madonna di Senales
Unserfrau in Schnals
Certosa
Karthaus
S. Caterina
Katharinaberg
Parcines
Partschins
Tirolo
Tirol
Scena
Schenna
Merano
Meran
Naturno
Naturns
Castelbello
Kastelbell
Laces
Latsch
Lana
Tesimo
Tisens
Nalles
Nals
Terlano
Terlan
Sarentino
Sarnthein
Avelengo
Hafling
Verano
Vöran
Meltina
Mölten
Gargazzone
Gargazon
S. Valburga
St. Walburg
Gampenjoch
1518
Pso. d. Palade
Bolzano
Bozen
St. Martin
S. Martino i. Pass.
Riffiano
Riffian
Saltusio
Saltaus
Rablà
Rabland
Plaus
Marlengo
Marling
Cermes
Tscherms
Postal
Burgstall
Andrian
Andriano
Ultimo
Ulten
S. Pancrazio
St. Pankraz
Senale
Unsere liebe Frau im Walde
S. Felice
St. Felix
Proves
Proveis
Stilfser Joch
National Park
Parco Nazionale dello Stelvio
Jaufental
Val di Fleres
Pflerschtal
Gsteier
Ridnaun
Malgasot
Tret

Wo gibt es was?

Fähnchennummer = Textnummer   ⓘ = Auskunft

Meran (Merano) ①

Kulturelles Zentrum Südtirols (35 000 Einw.) an Etsch und Passer auf 324 m Höhe mit mediterranem Klima und Thermalquellen in einem geschützten Talkessel.
Geschichte: Nach vorgeschichtl. Besiedlung römisches Militärlager; im 9. Jh. Besitz der Bischöfe von Chur. Älteste Siedlungsstelle ist die Zenoburg, 1288 von Graf Meinhard II. gekauft und zur Residenz gemacht. Dann Ackerbürgerstadt; im 19. Jh. Kurstadt mit Historismus-Architektur.
Sehenswürdigkeiten: Das Viertel Steinach (unterm Küchelberg) bildet mit den unter Meinhard II. entstandenen Lauben den alten Kern. Zum Kurviertel gehören Winter- und Sommerpromenade, dazu Altes (1874) und Neues Kurhaus (1912–14) und Theater (1899/1900, Jugendstil). Die Landesfürstl. Burg, einst Stadtresidenz Herzog Sigismunds nach 1450, ist heute Museum (Mobiliar, Kunst, Waffen, Musikinstrumente; di–sa 10–17, so 10–13 Uhr). Die Pfarrkirche St. Nikolaus ist hochgotisch und barock; reizvolle Tiroler Gotik zeigt die Spitalkirche zum Hl. Geist, gotische Fresken die Maria-Trostkirche (urspr. 12. Jh.). Im Stadtmuseum (Rennweg 42, di–sa 10–17, so 10–13 Uhr) Urgeschichte, Gemälde heimischer Meister und gotische Plastik; im Frauenmuseum ›Evelyn Ortner‹ Frauengeschichte des 19./20. Jh. (Lauben 68; März–Dez. mo–fr 9.30–12.30, 14.30–18.30, sa 9.30 bis 13 Uhr); außerdem Jüdisches Museum und Synagoge (Schillerstr. 14; di/mi 15 bis 18, do 9–12, fr 15–17 Uhr).
Veranstaltungen: Haflinger-Galopprennen (April); Meranflora (April/Mai); Großer Preis von Meran (Sept.); Traubenfest (Okt.).
Umgebung: Pferdedorf *Hafling* (5 km südöstl.) mit dem Reiterhof ›Sulfner‹ (Deckstation; Besichtigung frei).
Aktivitäten/Sport: Reitschule (auch für Kinder) an der Rennbahn; Kurbad (Piavestr. 9), Thermalhallenbad (Gampenstr. 7); Paragliding; Rafting auf der Passer; Eislaufstadion (Gampenstr.) Skisport in Meran 2000 (5 km östl.; 40 km Piste, 5 km Loipe).
ⓘ Kurverwaltung, Freiheitsstr. 45,
Tel. 0473/235223, I-39012 Meran.

Schenna (Scena) ②

Das um 1350 erbaute Schloss, Besitz der Grafen von Meran, dient, u.a. mit einer großen Waffensammlung, als Museum zur Geschichte Tirols (Ostern–Okt. mo–sa 10.30–17 Uhr). Erzherzog Johann, der mit Gattin im Mausoleum neben der Pfarrkirche beigesetzt ist, und Andreas Hofer sind Schwerpunkte der Darstellungen.
Umgebung: Gegenüber, am Westufer der Passer (30 Min. zu Fuß), die barockisierte Kirche von *Riffian*. Sie gilt als wichtigster Wallfahrtsort des Meraner Lands.
ⓘ Tourismusverein, Erzherzog-Johann-Platz 1/D, Tel. 0473/945669, I-39017 Schenna.

Dorf Tirol (Tirolo) ③

Auf die Sonnenterrasse Merans ließen die Grafen von Tirol (1253 ausgestorben) ihren Stammsitz im staufischen Stil bauen (ab 1140), heute am Rand des gut besuchten Luftkurorts (2300 Einw.) gelegen. Schloss Tirol (roman. Kapelle und Bauplastik; Glasmalereien 14. Jh.) ist Landesmuseum für Archäologie (Mitte März–Okt. di–so 10–17 Uhr); am Schlosshang ein Pflegezentrum für Greifvögel (di–so 10–19 Uhr). Unterhalb die 1241 erbaute, 1904 romantisch verkitschte Brunnenburg (Ostern–Nov. mi–mo 9.30 bis 12, 14–17 Uhr), letzter Wohnsitz des amerikan. Dichters Ezra Pound (1885 bis 1972). Die Pfarrkirche St. Peter ob Gratsch zeigt Stukkaturen und roman. Fresken.
Umgebung: In *Algund*, Obst- und Weindorf am westl. Stadtrand von Meran, wurden vier der insgesamt neun in Südtirol festgestellten Menhire in einer Geröllhalde gefunden. Drei Steine tragen Streifenmuster, wie sie auch das Fellkleid des ›Ötzi‹ aufweist.
Aktivitäten: Wandern auf dem Algunder Waalweg ab *Gratsch* oder auf dem Tappeinerweg in ca. 2 Std. hinunter nach Meran.
ⓘ Tourismusverein, Hauptstr. 31,
Tel. 0473/923314, I-39019 Dorf Tirol.

St. Leonhard in Passeier ④

Die größte Gemeinde (gut 3000 Einw.) des Passeiertals und der ›Sandhof‹ sind eng mit dem Wirt und Freiheitskämpfer Andreas Hofer verbunden (1767 auf dem Sandhof geb., Führer der Rebellion gegen Frankreich und Bayern, auf der Pfandleralm n. Verrat gefangen, 1810 in Mantua exekutiert; Geburtshaus April–Okt. mo–sa 9–12, 14–18 Uhr). Elf burgartige Schildhöfe, u.a. in *Saltaus* (9 km südl.) stehen für die Ebenbürtigkeit reicher Bauern mit den Edlen (ab 14. Jh.). Imposant die Wasserfälle bei *St. Martin* (12 km südl.) sowie *Stuls* im Hinterpasseier.
Aktivitäten: Erlebnisbad mit 80-m-Rutsche, Golf (9-Loch-Anlage).
ⓘ Tourismusbüro, Tel. 0473/656188,
I-39015 St. Leonhard in Passeier.

Lana ⑤

Gemeinde im Herzen des größten geschlossenen Apfelanbaugebiets Europas, das sich über 130 km von Salurn bis in den mittleren Vinschgau erstreckt. Insgesamt stehen in Südtirol auf 18 000 ha Apfelbäume in Lagen zwischen 200 und 900 m, von denen durchschnittl. 700 000 t Äpfel geerntet werden, davon 10 Prozent von den Plantagen um die Großgemeinde Lana. Die Hälfte der Ernte wird exportiert. Das Südtiroler Obstbaumuseum im Ansitz Larchgut (April–Okt. di–sa 10–12, 14–17, so bis 18 Uhr) informiert über die Kulturgeschichte des Apfels. In der Pfarrkirche Niederlana steht der Flügelaltar aus der Werkstatt des Hans Schnatterpeck, mit 14,1 m Höhe einer der größten der Gotik. Sein Schöpfer, 1499 Ratsherr in Meran, schloss den Vertrag 1503 und verschwand später spurlos. Hauptort im südwestlich abzweigenden **Ultental**, das als ›deutsches Tal‹ gilt, ist *St. Walburg*. Am Talende liegt *St. Gertraud*, von wo man Zugang zum *Nationalpark Stilfser Joch* hat (S. 109). *St. Nikolaus* ist Sitz des Talmuseums (Mai–Sept. di, fr, so 11–12, 15–17 Uhr).
Veranstaltungen: Apfelblütenfest im April; Freilichtspiele im Aug. (Theater, Ballett, Konzert) vor der Kulisse der Gaulschlucht.
Aktivitäten/Sport: Radwandern, am besten zur Obstblüte (Mitte/Ende April); Kutschfahrten; Golf (9-Loch-Anlage in Niederlana); Wandern zum Vigiljoch (1486 m); Trekkingtouren für ausdauernde Reiter ab St. Walburg in den Nationalpark (Theistadl, Tel. 799011); Tandem-Gleitschirmflüge in St. Walburg (Tel. 211411); Wintersport auf der Schwemmalm im Ultental.
ⓘ Tourismusbüro, Tel. 0473/561770,
I-39011 Lana.

Tisens (Tésimo) ⑥

Der Hauptort des Mittelgebirges zwischen Mendelkamm und Etschtal gründet wie das unterhalb gelegene *Nals* auf einem Kastell der Langobarden. Beide Befestigungen wurden 590 von Franken zerstört. Die Pfarrkirche von Tisens hat herrliche Glasmalereien, Schloss Schwanburg bei Nals ist heute Weingut. Oberhalb das malerische *Prissian* mit der Renaissance-Villa Fahlburg und der mittelterl. Wehrburg (13. Jh), heute beide Hotels. Auf Schloss Katzenzungen (ab 1244) Kunstausstellungen und Kurse sowie ›Europas größte Weinrebe‹. Im Ortsteil *Grissian* St. Jakob mit Fresken des 12. Jh.
ⓘ Tourismusverein, Bäckhaus 54, Tel. 0473/920822, I-39010 Tisens-Prissian.

Terlan (Terlano) ⑦

Die durch Silberbergbau reich gewordene Gemeinde war lange Sitz des Berggerichts; heute vornehmlich Obst- u. Weinort (Weißer Terlaner; oberhalb liegt *Mölten* mit seinen Sektkellereien, siehe S. 55). Die mit bunten Biberschwänzen in geometrischen Mustern gedeckte Pfarrkirche Mariä Himmelfahrt (14. Jh.) hat innen Fresken aus der Bozener Schule. Die Deutschordenskommende Siebeneich mit properer Antoniuskirche liegt in Obst- und Weingärten. Am Ortsrand beginnt die nach Margarethe Maultasch benannte Promenade an der Ruine Burg Neuhaus, wo sich die unglückliche Landesherrin gern aufhielt.
Umgebung: Jenseits der Etsch *Andrian*, von wo man auf einfachem Pfad Schloss Wolfsthurn erreicht, auf dagegen Schwindel erregendem Weg durch den Höllenbachgraben die Ruine Festenstein.
ⓘ Tourismusbüro, Tel. 0471/257165,
I-39080 Terlan.

Maßstab 1:200.000 0 2 4 6 8 10km

Ein Brot, so herb wie die Landschaft, die ihm den Namen gab: ›Vinschgerl‹, hier aus Burgeis, sind ideal mit Butter, Speck und Weißwein.

Kraftnahrung fürs Gemüt: der Vinschgau

So eigenwillig die Vinschgauer auch sein mögen, Südtiroler sind sie von ganzem Herzen. Dabei geht ihnen das Leichte und Heitere ziemlich ab. Ihre Gelassenheit wächst auf anderem Boden – dem der armen Leute, die es immer noch irgendwie geschafft haben. Auch, weil sie meist in Ruhe gelassen wurden: Die Natur hielt sie arm und weckte keine Begehrlichkeiten von außen; nur der untere Vinschgau gehört zum großen Obst- und Weingarten entlang der Etsch. Ansonsten gibt es zwar Sonne reichlich, aber Wasser knapp – schlecht für die Landwirtschaft, gut für den Tourismus.

△ Kurzras: Ortstermin auf über 2800 Metern

Waalweg bei Tschars am Eingang des Schnalstals ▽

△ Blick ins Schnalstal: über der Baumgrenze ewiges Eis

Der ›Schaukler‹ … ▽

… von St. Prokulus bei Naturns: Das Pilgerkirchlein aus dem 7. Jahrhundert ist voller Fresken ▽

Mit dem Obstanbau und den Touristen kam bescheidener Wohlstand ins Etschtal oberhalb von Meran. Seitdem sind die ›Karrner‹ aus dem Vinschgau verschwunden, jene Kleinhändler, die auf Handkarren ihr kärgliches Warenangebot über die Pässe schoben. Die Älteren erinnern sich noch an die weit verbreitete Armut. Zu ihr gehörte, dass Kleinbauern ihre Söhne und Töchter über die Alpen schickten, um sie auf dem ›Kindermarkt‹ in Ravensburg an schwäbische Bauern als Arbeitskräfte zu vermieten.

Mitterhofers Erfindung

Bezahlte Arbeit war immer knapp entlang der alten römischen Heerstraße, der Via Claudia Augusta. Dabei hatte der Vinschgau, der sich über 75 Kilometer von Meran bis hinauf zum Reschenpass zieht, einst große Bedeutung für Händler, Pilger und die lange um Macht und Vorherrschaft ringenden Bischöfe und Feudalherren. Die meisten von ihnen sind allerdings vergessen.

Nicht reich, aber berühmter als die Mächtigen wurde ein anderer Vinschgauer: der Zimmermann Peter Mitterhofer aus Partschins, der 1866 die erste Schreibmaschine konstruierte – aus Holz. Die trug er zum Kaiser nach Wien, und das Polytechnische Institut der Donaumetropole kaufte sie ihm für 150 Gulden ab. Damit endet die Geschichte für den Erfinder auch schon wieder, der später verarmt starb und an den heute ein kleines Museum erinnert – einen festen Platz in der Geschichte der Technik hat er gleichwohl erobert. Dass seine Idee funktionierte, bewies später die amerikanische Waffenfirma Remington, deren 1873er Maschine zwar aus Metall war, aber Mitterhofers Konstruktion verwandte. Bis heute wird erzählt, dass Mister Glidden, der Konstrukteur des Erfolgsmodells, Mitterhofers Idee während seines (von ihm bestrittenen) Studiums in Wien kennen gelernt habe.

Für die Region blieb Mitterhofer ein Einzelfall. Versuche, neben die bäuerlich und handwerklich ausgerichteten Wirtschaft neue Strukturen zu stellen, scheiterten meist. Ob Tourismus und Internet Mitterhofers Urenkeln den Anschluss an eine Hightech-

△ Ein Schatz aus der Gotik: Jörg Lederers Schnitzaltar in der Spitalkirche von Latsch

Bei Schlanders: Musikfest in Kortsch ▽

In Schlanders kauft der halbe Vinschgau ein ▽

△ Unter Apfelbäumen: Pause beim Musikfest in Kortsch

Marmor aus Laas ist ein ›Traumstoff‹ für Bildhauer ▽

orientierte Zukunft öffnen werden? Unter Vermeidung, so jedenfalls ist zu wünschen, einer verspäteten und in die übervollen Täler eh nicht mehr zu integrierenden Industrialisierung.

Schaukelt da der liebe Gott?

Wirklich neu ist der Tourismus im Vinschgau ja ohnehin nicht. Vielmehr schreibt er die traditionellen Pilgerzüge des Mittelalters fort, wenn auch mit anderen Transportmitteln und anderen Zielen. So quälen sich heute die Autokolonnen werk- wie sonntags die Staatsstraße von Meran herauf. Und fahren meist achtlos an dem zwischen Obstgärten gelegenen Luftkurort Naturns vorbei, an dessen Rand sie mit dem St.-Prokulus-Kirchlein eine kleine, aber feine Sensation bestaunen könnten: die ältesten Wandmalereien des gesamten deutschsprachigen Raums. Wohl im späten 8. Jahrhundert, auf jeden Fall in frühkarolingischer Zeit, sind sie entstanden, und die Kunsthistoriker erkennen Einflüsse der irischen Buchmalerei – ein weiterer Hinweis auf den religiösen Tourismus des Mittelalters, denn irische Mönche waren als Missionare im gesamten Alpenraum aktiv.

In großer, Kinder wie Erwachsene gleichermaßen anrührender Schlichtheit zeigen diese Zeichnungen Kühe – der heilige Prokulus war Viehpatron –, einen Hund und schließlich den Heiligen selbst bei seiner Flucht mit dem Seil über die Stadtmauer von Verona. ›Schaukelt da der liebe Gott?‹, fragt ein Kind. ›Nein, das ist der heilige Paulus bei seiner Flucht aus Damaskus.‹ Prokulus? Paulus? Natürlich gibt es für beide Deutungen gute Argumente. Doch ist es letztendlich nicht einerlei?

Kurzurlaub für Lämmer

Seit der ›Schaukler‹ gemalt wurde, sind 1200 Jahre vergangen. Und doch passen die Vieh- und Hirtenbilder nahtlos in das bäuerliche Leben, wie es im Schnalstal noch zu finden ist. Etwa, wenn man zur Zeit des Schafauf-(oder -ab-)triebs unterwegs ist: Mitte Juni werden bis zu 3000 Tiere vom unteren Vinschgau über Geröllfelder und Gletscher auf die Sommerweiden des österreichischen Ötztals getrieben, am zweiten Dienstag im September kehren sie

△ Wunder der Straßenbaukunst am Stilfser Joch

Sulden gehört zum Reich von ›König Ortler‹ ▽

△ Gaudi oder Aberglaube? Scheibenschlagen in Prad

△ Geschützte Natur im Nationalpark Stilfser Joch

Ausgelassener Hochzeitszug beim ›Zusslrennen‹ in Prad ▽

zurück. Seit 1415 wird dies nachweislich so praktiziert – übrigens auf den Spuren des ›Ötzis‹, der in einem Frühsommer seines Jahrtausends denselben Weg nahm –, außerdem an knapp zwanzig weiteren Übergängen, an denen allerdings meist Rinderherden auf die österreichischen Almen wechseln. Gefeiert aber wird überall, im Juni wie im September – auch wenn zum Transport der Tiere längst auch Lkws eingesetzt werden und den neu geborenen Lämmern schwierige Wegstrecken mit Hilfe der Materialseilbahn erspart werden.

Talwärts mit den Waalen

Eigentlich ist der Vinschgau ein karges Land. Es gibt kaum Mittelgebirgsterrassen, die zwischen Talboden und gletscherdurchzogenem Hochgebirge optisch oder klimatisch vermitteln, und herb sind die Gegensätze zwischen Nord- und Südseiten: Den bewaldeten südlichen Flanken liegen Nordhänge gegenüber, die die Sonne regelrecht verbrannt hat. Man hat versucht, diese ›Sonnenberge‹ mit Nadelhölzern aufzuforsten, doch ohne viel Erfolg, zumal auch die Regenfälle nicht üppig sind: 400 Millimeter Jahresniederschlag reichen für eine intensive Bewirtschaftung einfach nicht aus.

Doch schon lange vor Einführung künstlicher Beregnungssysteme hat man sich zu helfen gewusst: Für Wasser zu sorgen, ist im Vinschgau seit alters die Aufgabe der Waale. Nicht die Meeressäuger sind damit gemeint, sondern Kanäle, welche die Hänge in verzweigten Netzen überziehen, die das Schmelzwasser der Gletscher ableiten und auf die Felder verteilen.

Diese Waale, manche Jahrhunderte alt, funktionieren, wie der Klang der Glöckchen an den Wasserrädern verkündet, bis heute. Auch hier hat der Tourismus eine neue Funktion beigesteuert: Wanderwege unterschiedlicher Schwierigkeitsgrade verlaufen heute an den Kanälen entlang. Auf dem einen kann man die Kinder im Buggy mitnehmen, auf dem anderen braucht man bergfestes Schuhwerk – man erkundige sich genau. Und noch eine Warnung: Waalwandern kann süchtig machen. Wegen der ständig wechselnden Ausblicke – und weil es immer talwärts geht.

△ Zweimal Mittelalter: karolingische Fresken in Müstair …

△ Die Lauben von Glurns: Italiens kleinste Stadt … … hat Dorfcharakter ▽

△ … und die Rüstkammer der Churburg bei Schluderns

Logenblick auf den erhaltenen Mauerring von Glurns ▽

Hinauf zu König Ortler

Talwärts rollen auch die glühenden Scheiben, die am ersten Fastensonntag mit wuchtigem Schlag von den Feuerplätzen in die Dunkelheit getrieben werden. Ort der archaisch wirkenden Handlung (zu der auch Rituale wie das Verbrennen von Strohhexen gehören) ist Prad am Eingang zum Trafoier Tal.
Und das führt nicht abwärts, sondern steil bergauf: Denn hoch über Prad (und dem gesamten Vinschgau) steht ›König Ortler‹, 3905 Meter hoch, einer der höchsten Berge der Ostalpen. Das gewaltige Massiv mit seinen Gipfeln im ewigen Eis ist das Herzstück des Nationalparks Stilfser Joch, des größten Naturschutzgebiets Italiens. Dort ist sanfter Tourismus ein Schlüsselbegriff; Tier- und Pflanzenwelt sollen für Besucher erlebbar sein, doch haben die Schutzbestimmungen Vorrang. Garantien wie im Zoo gibt es daher nicht: Die Foto-Safaris auf Steinböcke, Gämsen und Adler führen längst nicht immer zum Erfolg.

Drei Routen im Nationalpark

Wer mit dem Auto unterwegs ist, kann ab Gomagoi im Trafoier Tal drei aufregende Strecken erkunden. Die erste zweigt nach Westen ab und führt auf der Höhe zur alten Siedlung Stilfs. Hier hat sich das ›Klasen‹ erhalten, die Jagd der maskierten ›Schiachen‹, Boten aus dem Schattenreich, die durch Auflegen von Ketten die Frauen und Mädchen in ihren Besitz zu bekommen versuchen. Wenn dagegen ein Schellen tragender Esel einer Frau den Arm zwickt, soll das für Gesundheit und Kinderreichtum sorgen.
Die andere Straße, ebenfalls ab Gomagoi, führt in das schneereiche Suldental, aus dem Bären und Wölfe längst vertrieben sind. Das Hoteldorf und Wintersportzentrum Sulden beeindruckt mit der unbeschreiblichen Kulisse des direkt hinter dem Talschluss aufragenden Ortlers.
Am aufregendsten aber ist die dritte Route: von Gomagoi über Trafoi geradewegs hinauf zum Stilfser Joch. Serpentine um Serpentine geht es himmelwärts – und zu Gletscherskigebieten, in denen alle Ideen vom sanften Tourismus leider weiter zubetoniert werden.

△ Beim turmreichen Mals sperrte einst der ›Alpenwall‹ das Tal

△ Käse müssen reifen, ...

... auch im gut sanierten Burgeis ▽

△ Gottesburg in der Stille: Kloster Marienberg bei Burgeis

Der Kirchturm von Graun im Reschensee bleibt gewöhnungsbedürftig ▽

Sinnloser Krieg im Gebirge

Es gehört zu Südtirol, dass sich neben Zeugnissen von Frömmigkeit auch Spuren sinnloser Kriege finden, aus allen Jahrhunderten. Burgen wie das durch einen Umbau idealisierte Schloss Churburg von Schluderns (mit einer Waffenkammer, zu der eine 2,30 Meter große Riesenrüstung gehört) erzählen davon ebenso wie das in seiner wehrhaften Substanz mit geschlossenem Mauerring erhalten gebliebene Städtchen Glurns.

Während solche Anlagen heute zumindest touristischen Reiz entfalten, sind die Festungsbauten der Moderne Mahnmale der Sinnlosigkeit. Das gilt für die faschistischen Bunker, die als Teil des Alpenwalls von Mussolini das Tal bei Mals sperren sollten. Unzugänglicher, aber vielleicht gerade deshalb noch sinnloser wirken die Befestigungen, in denen sich italienische Alpini und österreichische Gebirgsjäger ab 1915 gegenüberstanden: Die ›Dolomitenfront‹ des Ersten Weltkriegs umfasste auch die Gipfel um das Stilfser Joch. Und kostete mehr als 60 000 Menschen das Leben.

›Kraftplatz‹ auf dem Bühel

Dass sich auch mit ›zivilen‹ Entscheidungen möglicherweise freveln lässt, sehen viele Vinschgauer am Beispiel des Reschensees bewiesen. So fotogen der alte Kirchturm des untergegangenen Orts Graun auch aus dem künstlichen Wasserbecken herausragt – über einen zwölf Kilometer langen Stollen treiben die Fluten die Turbinen des Elektrizitätswerks in Schluderns an –, so umstritten sind die ökologischen Folgen. Einigkeit besteht nur darüber, dass der See für Segler und Surfer ideal ist.

Vielleicht aber findet man das eigentliche Südtirol ja doch eher auf dem Tartscher Bühel, der frei stehenden Anhöhe, von der aus man auf Glurns und Mals blickt. Esoteriker sehen in dieser Stelle, an der die vorromanische St.-Veitskirche einer keltischen Kultstätte folgte, einen der großen ›Kraftplätze‹ Südtirols, einen Ort also mit besonderer Ausstrahlung. Doch auch ohne eine solche ideologische Einbettung ist der Blick vom Tartscher Bühel eine stille Attraktion. Selbst für die Vinschgauer.

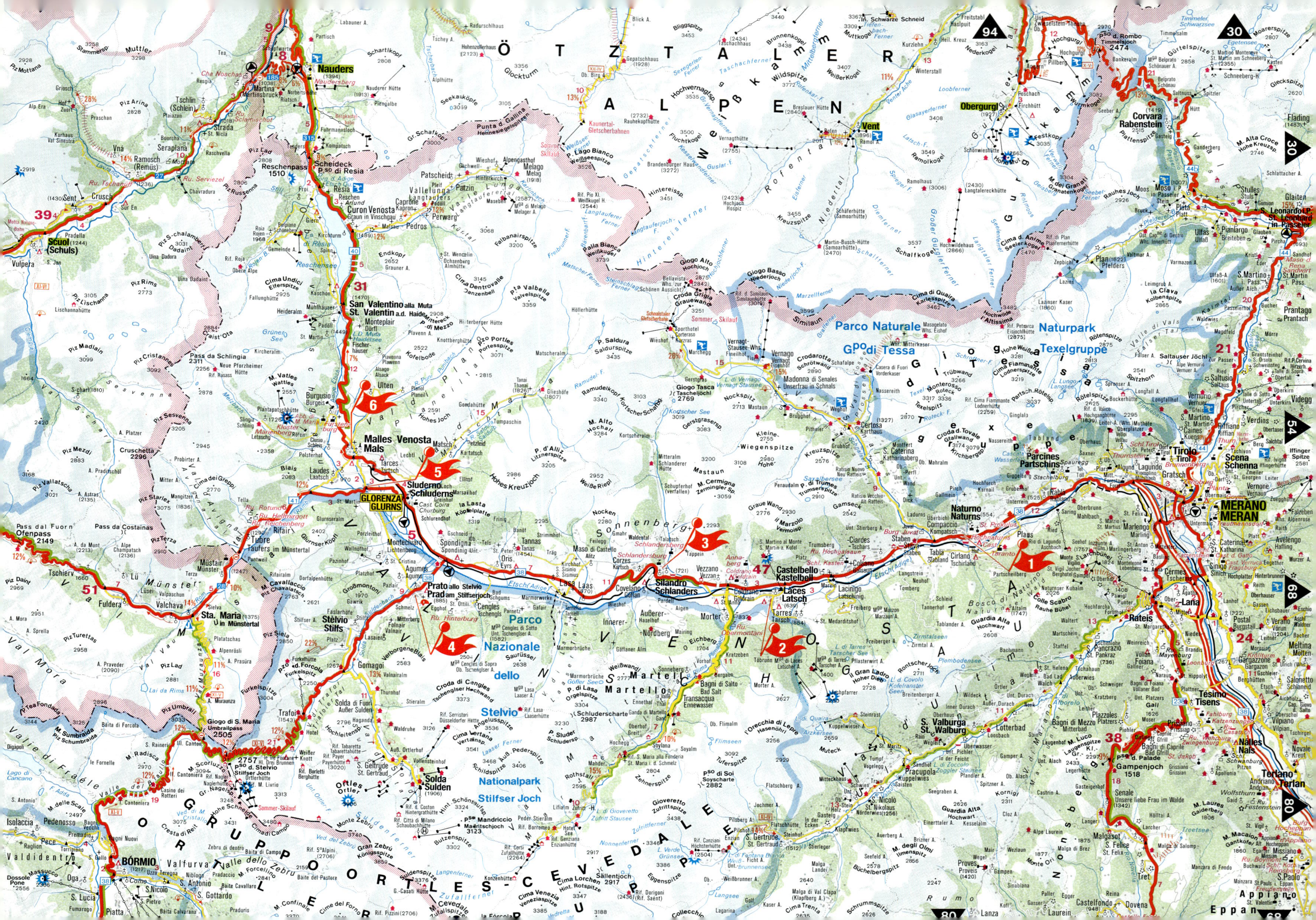

ÖTZTALER ALPEN
Naturpark Texelgruppe
Parco Naturale Gruppo di Tessa
Parco Nazionale dello Stelvio
Nationalpark Stilfser Joch
GRUPPO ORTLES-CEVEDALE
MERANO MERAN
Nauders
Reschenpass P.so di Resia
Malles Venosta Mals
Glorenza Glurns
Silandro Schlanders
Castelbello Kastelbell
Naturno Naturns
Lana
Tirolo Tirol
Scena Schenna
Vent
Obergurgl
Scuol (Schuls)
Bórmio
Sta. Maria
Stelvio Stilfs
Prato allo Stelvio Prad am Stilfserjoch
Solda Sulden
Trafoi
Laces Latsch
S. Valburga St. Walburg
Tesimo Tisens
Terlano Terlan
Appiano Eppan

Wo gibt es was?

Fähnchennummer = Textnummer ⓘ = Auskunft

Naturns (Naturno) ①

Naturns, Luftkurort auf 554 m Höhe, lebt vom Obst- und Weinbau und, trotz der Nähe zur Staatsstraße, vom Fremdenverkehr. **Sehenswert** sind die romanischen Fresken (800 oder früher) der um 630 entstandenen Kirche St. Prokulus (März–Okt. di–so 9.30–12, 14.30–17.30 Uhr). Sie zeigen den frühchristl. Bischof Prokulus bei der Flucht aus Verona (oder den hl. Paulus, der über die Stadtmauer von Damaskus allerdings in einem Korb und nicht, wie hier gezeigt, an einem Seil entkam), außerdem zwei Hirten mit Hund bei der Rinderherde, Heilige, Frauengestalten, Christus mit Aposteln und zwei Engel. Gotische Fresken, die bei der Freilegung (ab 1912) abgenommen wurden, sind im Rathaus zu sehen; die Fresken der Außenmauer haben durch die Beregnung der nahen Obstgärten teils stark gelitten.
Aktivitäten: Spaßbad mit 72-m-Rutsche.
Umgebung: Im Schulhaus von *Partschins* (5 km östl.) das Museum für den Schreibmaschinen-Erfinder Mitterhofer; ab Ortsteil Vertigen der Partschinser Waalweg.
Am Schnalswaal entlang erreicht man Burg *Juval* (2 km westl.), wo der Besitzer, der Bergsteiger Reinhold Messner, im Sommer (do–di 10–16 Uhr) seine exotischen Sammlungen zeigt. Hier beginnt das 25 km lange **Schnalstal**, das in die Ötztaler Alpen führt und vor einem Ganzjahres-Skigebiet mit umstrittener moderner Architektur endet. Weltberühmt ist der 1991 nahe dem Hauslabjoch gefundene ›Ötzi‹ (S. 49); zur Fundstelle, einer flachen Felsmulde auf 3278 m, gibt es geführte Wanderungen ab *Vernagt.* Hauptorte des Tals sind *Katharinaberg* hoch über der Straße und *Karthaus*, das auf ein Kloster von 1326 zurück geht. Das abzweigende **Pfossental** führt zum ›Eishof‹ (Gaststätte) und dem *Naturpark Texelgruppe* (Infostelle in der Mittelschule Naturns, Feldgasse 3). Am Vernagt-Stausee vorbei (mit gut zu erwanderndem Finailhof, Südtirols höchstgelegenem Kornhof) geht es nach *Kurzras* zur Gletscherbahn.
Veranstaltungen: Schafsauf- und -abtrieb im Schnalstal im Juni und Sept.
Sport: Ganzjährig Skisport auf 2011 bis 3260 m in *Kurzras* im Schnalstal.
ⓘ Tourismusbüro, Tel. 0471/678619, I-39025 Naturns; Tel. 0473/679148, I-39020 Karthaus/Schnalstal.

Latsch (Làces) ②

Der alte Verkehrsknotenpunkt besitzt mit Jörg Lederers spätgot. Schnitzaltar (Spitalkirche; Schlüssel im Altenheim) eines der wichtigen Schnitzwerke des Landes. Fotogen ist das zinnenbewehrte Schloss *Kastelbell* knapp östlich. In *Tarsch* knapp südlich gibt es noch drei roman. Kirchen, eine weitere in *Morter* (4 km westl.), wo das **Martelltal** beginnt. Auf enger Straße fährt man dort in den Nationalpark Stilfser Joch (④) bis zum Zufritt-Stausee (34 km südl.) mit überwältigendem Blick auf die Zufallspitzen (3757 und 3769 m).
ⓘ Tourismusbüro, Hauptstr. 38/A, Tel. 0473/623109, I-39021 Latsch; Tel. 0473/744598, I-39020 Martell.

Schlanders (Silandro) ③

Der Hauptort (5300 Einw.) des Untervinschgaus (Verwaltung, Krankenhaus, Garnison, Gericht) ist betriebsamer als die meisten anderen Orte des Tals. Den Halt lohnen die Schlandersburg (Renaissance, um 1600) am Ortsrand und die Pfarrkirche mit dem höchsten Kirchturm (97 m) Südtirols.
Umgebung: Schon den Römern bekannt waren die Marmorbrüche von *Laas* (6 km westl.), auf 2000 m über dem Ort gelegen, in dem der feinkörnige, schneeweiße Stein bis heute gern als Baumaterial verwendet wird. Im Dorf auch zahlreiche Kunsthandwerksbetriebe, die mit dem Stein arbeiten, den viele Künstler für den besten der Welt halten. Von Schlanders geht eine Halbtagestour über die Göflaner Alm zum höchstgelegenen Marmorbruch Europas (2170 m). Vom Sisinius-Kirchlein nördl. Laas führt ein sonniger Weg nach *Alitz*, wo sich die gleichnamige Mure erstreckt, die zweitgrößte Geröllhalde in den Alpen.
ⓘ Tourismusverein, Tel. 0473/730155, I-39028 Schlanders.

Prad am Stilfser Joch (Prato) ④

134 000 ha geschützte Fläche umfasst der **Nationalpark Stilfser Joch**, der vom Dreigestirn von Ortler (3905 m), Königsspitze (3859 m) und Zebrú (3740 m) gekrönt wird. Dass bei der Gründung des Parks durch Mussolini auch Talgemeinden wie **Prad** (mit der Ruine Lichtenberg) unter Schutz gestellt wurden, galt den Bauern damals als Anschlag auf die Lebensgrundlage. Heute fällt das Urteil darüber, ob Naturschutz und Tourismus wenigstens außerhalb des größten Sommerski-Gebiets Europas am Stilfser Joch harmonieren, zwiespältig aus.
Die Gipfel der Ortlergruppe umhüllt ewiges Eis. Flora und Fauna des Hochgebirges und der Zugangstäler *(Trafoier-, Sulden-, Martell- u. Ultental)* können aber auch Nicht-Alpinisten erleben. Und wirklich atemraubend ist die 1825 nach 5-jähriger Bauzeit eröffnete Passstraße, die auf 28 km fast 2000 m Höhenunterschied bewältigt – ingenieurstechnisch ein Wunderwerk.
Veranstaltung: Zusslrennen (Zussl = Hexen) in Prad mit Umzug am ›Unsinnigen Donnerstag‹ (Febr.) zur Austreibung des Winters.
Aktivitäten/Sport: Skifahren zu allen Jahreszeiten, Sommerwanderungen, geführte Klettertouren, Kletterkurse. Cool auch ein Besuch der Eishöhle ›Gletschermühle‹.
ⓘ Tourismusbüro, Tel. 0473/616034, I-39026 Prad; für das Ortlergebiet: Tourismusbüro Sulden, Tel. 0473/613015.

Glurns (Glorenza) ⑤

Die Miniaturstadt (800 Einw.) an der Einmündung des zum Engadin hinauf führenden **Münstertals** ist von einem vollständig erhaltenen Mauerring und drei starken Toren umgeben. Seine frühe Bedeutung verdankt Glurns dem Salzhandel; zudem war es Gerichtssitz der Tiroler Grafen in klarer Machtdemonstration gegen die Churer Bischöfe, die nebenan in Mals Gericht hielten. 1499 in der Calvenschlacht gegen die Eidgenossen komplett zerstört, wurde Glurns planmäßig wieder aufgebaut und befestigt – in dem Bild, das es bis heute bewahrt. Kein Bummel durch den alten Kern dauert lang, zur Stadtmauer ist es nirgends weit.
Umgebung: Über *Taufers* (9 km westl.) im *Münstertal* die Ruinen von Burg Rotund und Burg Reichenberg, Stationen einer Wanderung zum Tellakopf (2525 m) mit Blick auf die Ortlergruppe; im Ort selbst das Hospiz St. Johann mit spätroman. Fresken. Wer das Erlebnis solcher Wandbilder noch steigern möchte, sollte jenseits der Grenze *Müstair* aufsuchen: Die dortige Abtei, wohl von Karl d. Gr. gegründet, enthält einen Freskenzyklus aus karolingischer Zeit (Unesco-Weltkulturerbe), der mehr über die Gefühls- und Gedankenwelt der Menschen im Mittelalter aussagt als jedes schriftliche Zeugnis.
Eine der größten Burgen Südtirols, die *Churburg* (ab 13. Jh.), liegt in *Schluderns* (3 km östl.). Sie ist seit 500 Jahren im Besitz der Grafen von Trapp und besitzt eine beachtliche Rüstkammer (Führungen März–Okt. di–so 10–12, 14–16.30 Uhr).
ⓘ Tourismusbüro, Tel. 0473/831097; I-39020 Glurns.

Mals (Malles Venosta) ⑥

Der stattliche Ort auf dem linken Ufer der Etsch hat Glurns überflügelt und ist heute Wirtschafts- und Verwaltungszentrum des oberen Vinschgaus. Wahrzeichen des Orts, dessen Bild von 5 Türmen beherrscht wird, ist der 33 m hohe Rundturm der Fröhlichsburg (12. Jh.). Die Kirche St. Benedikt am Ortsrand birgt die neben Naturns ältesten Fresken des deutschen Kulturraums.
Umgebung: Malerisch das kirchenreiche *Laatsch* (2 km südwestl.) u. *Burgeis* (3 km nördl.) mit schönem Brunnenplatz, der *Fürstenburg*, einst Nebenresidenz der Churer Fürstbischöfe, und der Benediktinerabtei *Marienberg* (1150 gegr.). Am *Reschenpass* (1504 m; 20 km nördl.) nahe der Etschquelle der Reschensee mit dem Kirchturm des im See versenkten Dorfs *Graun.*
Veranstaltungen: ›Sealamorkt‹ (Vieh- und Krämermarkt) zu Allerseelen.
Aktivitäten: Wandern nach *Rojen* (1973 m) ab *St. Valentin a.d. Haide* (12 km nördl.) Skiregion Vinschgauer Oberland (Reschen, Haideralm, Langtaufers; 1500–2700 m).
ⓘ Tourismusbüro, St.-Benedikt-Str. 1, Tel. 0473/831190, I-39024 Mals.

Maßstab 1:250.000 0 2,5 5 7,5 10 12,5 km

Touristik-Informationen

Adressen

Deutschland: Staatliche Italienische Fremdenverkehrsämter (ENIT): Kaiserstr. 65, 60329 Frankfurt/M., Tel. 069/237434, Fax 232894; Goethestr. 20, 80336 München, Tel. 089/531317, 530369, Fax 534527. Karl-Liebknecht-Str. 34, 10178 Berlin, Tel. 030/2478397, 2478397, Fax 2478399.
Südtirol: Zentrale ist die Südtirol Marketing Gesellschaft (SMG), Pfarrplatz 11, I-39100 Bozen, Tel. 0471/993850, Fax 993899, http://www.hallo.com. Regionale Fremdenverkehrsverbände sind: FVV Eisacktal, Großer Graben 38/A, I-39042 Brixen, Tel. 0472/802232, Fax 801315; FVV Kronplatz, Herzog-Siegmund-Str. 4/A, I-39031 Bruneck, Tel. 0474/ 555447, Fax 530018; FVV Tauferer-Ahrntal, Ahrntalstr. 95, I-39030 Steinhaus, Tel. 0474/652081, Fax 652082; FVV Hochpustertal, Pflegplatz 1, I-39038 Innichen, Tel. 0474/913156, Fax 914361; FVV Gröden, Dursanstr. 78/bis, I-39047 St. Christina, Tel. 0471/792277, Fax 792235; FVV Alta Badia, Col Alt Str. 36, I-39033 Corvara, Tel. 0471/836176, Fax 836540; FVV Rosengarten-Latemar, I-39050 Birchabruck, Tel. 0471/610310, Fax 610317; FVV Seiser Alm/Schlern, Schlernstr. 16, I-39040 Seis, Tel. 0471/707024, Fax 706600; FVV Bozen-Jenesien, Waltherpl. 8, I-39100 Bozen, Tel. 0471/307000, Fax 980128; FVV ›Im Herzen Südtirols‹ (Passeiertal, Sarntal, Ulten, Ritten), I-39015 St. Leonhard, Tel. 0473/656466, Fax 656624; FVV ›Südtirols Süden‹ (Weinstraße), Pillhofstr. 1, I-39010 Frangart, Tel. 0471/633488; FVV Meraner Land, Gampenstr. 101, I-39012 Meran, Tel. 0473/200443, Fax 20 0188; FVV Burggräfler Ferienparadies (Meran, Dorf Tirol, Algund), Freiheitstr. 45, I-39012 Meran, Tel. 0473/235223, Fax 235524; FVV Vinschgau, Kapuzinerstr. 10, I-39028 Schlanders, Tel. 0473/620480, Fax 620481.

Anreise

Mit dem Auto über die Brenner-Autobahn (mautpflichtig) via Innsbruck; mit dem Zug über München und Innsbruck nach Bozen. Express-Busse verkehren ganzjährig zwischen München und Meran/Bozen. Flughafen der Region ist Bozen, eine Alternative Innsbruck. Im Winter gibt es spezielle Skiflüge (Sportgerät wird kostenlos transportiert) ab 340 DM nach Innsbruck oder Bozen mit AeroLloyd oder Tyrolean Airways.

Autofahren

Tempolimits: auf Autobahnen 130, Schnellstraßen 110, Landstraßen 90, in Ortschaften 50 km/h. Bleifrei kann überall getankt werden. Die Promillegrenze liegt bei 0,8. Es besteht Anschnallpflicht. Verboten sind: Telefonieren während der Fahrt, privates Abschleppen auf der Autobahn, Parken in Landschaftsschutzgebieten. Hohe Geldbußen bei Parkverstößen und Geschwindigkeitsüberschreitungen. Es wird im Übrigen gnadenlos abgeschleppt. Pannenhilfe Tel. 116, Polizei 113. Verkehrsmeldezentrale u. Schneebericht Tel. 0471/200198.

Ferien auf dem Bauernhof – hier bei Algund im Meraner Land – sind ideal für Reisen mit der ganzen Familie.

Bahn und Bus

Südtirol verfügt über ein dichtes Busnetz. Es lässt sich ›integriert‹, d.h. mit einer Wertkarte für Bus, Bahn und Stadtbus nutzen. Günstig für Urlauber sind Wochenkarten. Karten gibt es in Tabakläden, an Fahrkartenschaltern und in Überland-, nicht aber in Stadtbussen.

Camping

Über das Land verstreut gibt es 36, in der Regel gepflegte Campingplätze. Viele sind auch im Winter geöffnet. Broschüren gibt es beim Verein der Campingplatzbetreiber, Moritzinger Weg 83, I-39100 Bozen, Tel. 0471/918492, Fax 204894, oder über die SMG (s. Adressen).

Essen und Trinken

Die italienische Küche im Original zu erleben, macht den Unterschied zum ›Ristorante‹ in Deutschland deutlich. Die original Südtiroler Küche ist deftig, alpenländisch, mit einem starken Anteil an Mehlspeisen. Der österreichische Beitrag wird insbesondere bei den süßen Nachspeisen deutlich. Stets einen einheimischen Wein bzw. Traubensaft zu den Gängen nehmen.
Überall auf den Tisch kommen Spinattaschen: deutsch als Schlutzkrapfen (größer), italienisch als *ravioli* (kleiner), stets aber mit zerlassener Butter und frischgeriebenem Parmesan. In zahllosen Variationen präsent sind Knödel (perfekt, wenn locker mit der Gabel zu teilen), als Einlage zu Suppen (Leber-, Speck- oder fleischlose Fastenknödel), als Vorspeise oder als Beilage zu deftigem Schweinebraten; süß als Marillen- oder Zwetschgenknödel zum Nachtisch. Ähnlich vielfältig sind die Nocken (italienisch *gnocchi).*

Feiertage und Feste

Gesetzliche Feiertage sind 1. Jan., 6. Jan., Ostermontag, 25. April (Staatsfeiertag), 1. Mai, Pfingstmontag, 15. Aug. (Mariä Himmelfahrt), 1. Nov. (Allerheiligen), 8. Dez. (Mariä Empfängnis) u. Weihnachten (25./26. Dez.). Keine Feiertage sind Karfreitag und Heiligabend.
Zu den örtlichen Veranstaltungen im Jahreslauf siehe die Wo-gibt-es-was-Seiten.

Geld

Mit Einführung des Euro erfolgt der Umtausch von Mark in Lire zu festgesetzten Kursen. Wechselstuben, Hotels und Campingplätze erheben Gebühren. Alle gängigen Kreditkarten werden akzeptiert, viele Geldautomaten funktionieren mit EC-Karte. Banken sind mo–fr 8.05–12.55 Uhr geöffnet, selten auch 14.45–16.25 Uhr.

Gesundheit

Gesetzlich Versicherte sollten sich bei ihrer Kasse das Formular E 111 besorgen, das im Ausland zur Beanspruchung eines Krankenscheins berechtigt; Privatpatienten benötigen eine Klinik-Card. Apotheken *(farmacias)* sind von 9–13 und 15.30–19.30 Uhr geöffnet. Notruf Ambulanz und Polizei: 113.

weiter auf Seite 112

Reisedaten Südtirol

Flug von Deutschland	Inlandsverkehr	Reisepapiere	Devisen	Mietwagen	Benzin	Hotel	Pension	Menü	Einfaches Essen	Ortszeit	Tipp
Frankfurt–Bozen Linie ab 585 DM, Charter ab 340 DM	Linienbus von Bozen über Meran nach Schlanders ca. 11 DM	Personalausweis	1 DM = ca. 975 Lire 1000 Lire = ca. 1,03 DM	ab 145 DM pro Tag (unbegrenzte Kilometer, Versicherung)	1 Liter Super bleifrei ca. 2 DM	Luxusklasse Doppelzimmer ab 300, Mittelklasse ab 95 DM	Einfaches Doppelzimmer ab 55 DM	à la carte ab 30 DM (ohne Wein)	Tellergericht ab 10 DM; Brettl-Jause ca. 9 DM	MEZ	Bus-/Bahn-Wochenkarte (30 Fahrten) für ca. 25 DM

Ausgewählte Hotels und Restaurants

HOTELS

Preise gelten pro Person, nicht pro Zimmer.

Eisacktal

****** Hotel Elephant**
Weißlahnstr. 4, 39042 Brixen
Tel. 0472/832750, Fax 836579
30 Zimmer, 146–160 DM
Gediegen ausgestattetes Komforthotel, benannt nach den Abbildern des Dickhäuters, der 1550/51 zwei Wochen lang in Brixen residierte.

***** Residence Goldener Adler**
Adlerbrückengasse 9, 39042 Brixen
Tel. 0472/200621, Fax 208973
12 Zimmer, 65–90 DM
Geschichtsträchtiges Haus (Wurzeln im 12. Jh.) unmittelbar an der Eisackpromenade; unter dem gleichen Dach das Restaurant ›Finsterwirt‹.

****** Romantik Hotel Stafler**
Mauls 10, 39040 Freienfeld
Tel. 0472/771136, Fax 771094
38 Zimmer, 110–155 DM
Stimmungsvoller alter Fuhrmannsgasthof mit modernem Standard und gutem Service.

***** Hotel Gassenhof**
Ridnaun 71/D, 39040 Ratschings
Tel. 0472/656209, Fax 656380
28 Zimmer, 75–90 DM
Modernes Haus im Ridnauntal mit eigener Wellness-Oase; Aktivangebote für Sportliche.

***** Gasthof Zum Engel**
Deutschhausstr. 20, 39049 Sterzing
Tel. 0472/765132, Fax 767844
9 Zimmer, 60–75 DM
Komfortables Haus, 200 m vom Zentrum Sterzings, im alpenländischen Stil.

Pustertal

***** Hotel Andreas Hofer**
Tauferer Str. 1, 39031 Bruneck
Tel. 0474/551469, Fax 551283
54 Zimmer, 60–100 DM
Nur 800 m vom Zentrum entfernt und schon im Grünen gelegen; gemütlich und komfortabel.

***** Gasthof Ansitz Heufler**
Oberrasen 37, 39030 Rasen-Antholz
Tel. 0474/498582, Fax 498046
8 Zimmer, 123–157 DM
Gepflegtes Haus in altem Edelsitz, individuelle Zimmer, zuvorkommender Service.

****** Sport- und Kurhotel Bad Moos**
Fischleintalstr. 27, 39030 Sexten
Tel. 0474/713100, Fax 713333
48 Zimmer, 79–227 DM
Umfassendes Wellness- und Kurangebot in der Tradition der seit dem 17. Jh. bekannten Heilquellen am Hintereingang zu den Dolomiten.

****** Hotel Mühlgarten**
Stefansdorf 31, 39030 St. Lorenzen
Tel. 0474/548330, Fax 548030
22 Zimmer, 50–155 DM
In den Wiesen von Stefansdorf, 3 km von Bruneck; kinderfreundliches Haus mit prämierter Küche und ausgedehntem Fitnessbereich.

Bozen

****** Parkhotel Laurin**
Laurinstr. 4, 39100 Bozen
Tel. 0471/311000, Fax 311148
96 Zimmer, 147–295 DM
Prachtvolle Anlage im Zentrum der Stadt am Rand der Fußgängerzone inmitten eines herrlichen Parks – einfach nobel.

***** Hotel Post Gries**
Freiheitstr. 117, 39100 Bozen
Tel. 0471/279000, Fax 285424
41 Zimmer, 75–105 DM
Gediegen in Ausstattung und Service, in Fußnähe zum Stadtzentrum im Villenvorort Gries.

Dolomiten

***** Hotel Roßlaufhof**
Marinzenweg 37, 39040 Kastelruth
Tel. 0471/706616, Fax 707355
70–120 DM
Familienhotel im Grünen, mit herrlichem Ausblick zum Schlern und auf das darunter liegende Dorf.

***** Hotel Posta**
Dursanstr. 32, 39047 St. Christina
Tel. 0471/792078, Fax 793607
58 Zimmer, 60–147 DM
Unweit der Talstationen der Bergbahnen in hoteleigenem Park mit geheiztem Freibad, Bocciabahn und Sonnenwiese.

****** Hotel Adler**
Reziastr. 7, 39046 St. Ulrich
Tel. 0471/796203, Fax 796210
98 Zimmer, 106–253 DM
Prachtvolles Haus mit Tradition seit 1550; 8000 qm großer Hotelpark, mit Wasser- und Vitalwelt; seit 1810 im Besitz der Familie Sanoner.

Überetsch und Unterland

***** Hotel Seegarten**
St. Josef Am See 17, 39052 Kaltern
Tel. 0471/960260, Fax 960066
30 Zimmer, 85–120 DM
In unmittelbarer Seelage mit altem Baumbestand und Traumblicken über Berge und Weingärten; hauseigene Relax-Angebote, aufmerksamer Service.

***** Hotel Winzerhof**
Rechtentalstr. 52, 39040 Tramin
Tel. 0471/860183, Fax 861263
20 Zimmer, 80–100 DM
Sonnige Hanglage mit Blick über die Wein- und Obstgärten auf den Kalterer See; Familienbetrieb; Wanderungen mit dem Senior-Chef.

Meran

Castel Rundegg
Schennastr. 2, 39012 Meran
Tel. 0473/234100, Fax 237200
30 Zimmer, 170–270 DM
Absolutes Komforthaus mit langer Kurtradition, gepflegtes Ambiente, mit konzentriertem Health-&-Beauty-Farm-Angebot und Experten-Service.

****** Hotel Castel Fragsburg**
Fragsburgerstr. 1/A, 39012 Meran
Tel. 0473/244071, Fax 244493
18 Zimmer, 140–180 DM
Kleinstes Meraner Vier-Sterne-Haus, einst als Schlösschen für adelige Jagdgesellschaften hoch über der Stadt errichtet.

***** Gasthof Grissianerhof**
Grissian 6/A, 39010 Tisens
Tel. 0473/920823, Fax 920517
16 Zimmer, 55–65 DM
800 m über dem Etschtal, typisches Südtiroler Haus im Grünen, fernab der stark befahrenen Straßen; geräumige, gut ausgestattete Zimmer.

**** Hotel Schloss Wehrburg**
Prissian 7, 39010 Tisens
Tel. 0473/920934, Fax 920676
22 Zimmer, 65–85 DM
Heimeliges Haus mit Ritterambiente hinter dicken Mauern; liebenswürdiger Service und freundlich-geschmackvolle Ausstattung.

Vinschgau

****** Hotel Jagdhof**
Herrengasse 15, 39021 Latsch
Tel. 0473/622299, Fax 623590
25 Zimmer, 115–195 DM
Gründlich um- und ausgebautes Haus mit gepflegter Gartenanlage, aufmerksamem Service und fast schon luxuriöser Ausstattung.

***** Hotel Greif**
Gen. I.-Verdross-Str. 40/A, 39024 Mals
Tel. 0473/831189, Fax 831906
15 Zimmer, 60–100 DM
Ausgezeichnet mit dem Tiroler-Südtiroler Umweltsiegel: Umweltfreundliches Wirtschaften vom Service bis zur Küche lässt sich durchaus mit anspruchsvollem Komfort vereinbaren.

RESTAURANTS

Batzenhäusl
Bozen, Andreas-Hofer-Str., Tel. 0471/976183
Gutbürgerliche Küche im alten Gasthaus an der ehemaligen Brennerstraße, dessen Vergangenheit als Künstlertreff (Ende 19. Jh.) an den Wänden abzulesen ist. Abends lange offen, Di Ruhetag.

Fink
Brixen, Kleine Lauben 4, Tel. 0472/834883
Mit Bistro (ebenerdig), Restaurant (oben, verfeinerte Südtiroler Küche) u. Mini-Museum (Menhirstube).

Finsterwirt
Brixen, Domgasse 3, Tel. 0472/832355
Weinstube seit dem 17. Jh., lukullische Kleinigkeiten; Mo Ruhetag.

Gasthof Haller
Brixen, Weinbergstr. 68, Tel. 0472/834601
Schlutzkrapfen und Kasknödel; Di Ruhetag.

Dominik
Brixen, Unterdrittelgasse 13, Tel. 0472/830144
Spitzenrestaurant des gleichnamigen Exklusivhotels; Di Ruhetag.

Weißes Lamm
Bruneck, Stuckgasse 5, Tel. 0474/411350
Ehrliche Weine und einfache, aber gute Gerichte; im 1. Stock Andreas-Hofer-Stube mit Gemälden, mit denen Südtiroler Künstler ihre Zeche zahlten.

Gasthof zum Mohren
Burgeis, am Dorfplatz, Tel. 0473/8312232
Engagierter Betrieb in traditionsreichem Haus.

Restaurant Hidalgo
Burgstall b. Meran, Romstr. 7, Tel. 0473/292292
Mediterrane, kreative Küche; erstklassige Qualität aus bodenständigen Produkten; mit einem der besten Weinkeller des Landes.

Zur Rose
Eppan, Innerhoferstr. 2, Tel. 0471/662249
Gourmettempel mit Spitzenküche italienischer und Südtiroler Provenienz.

Schloß Ringberg
Kaltern-St. Josef am See, Tel. 0471/960010
Gepflegte Küche in stilvollem Ambiente, serviert mit Ausblick auf den Kalterer See.

Gasthaus zur Rose
Kurtatsch, Endergasse 2, Tel. 0471/880116
Gutes Essen, gute Weine und Fischwochen im Winter; So Ruhetag.

Café Darling
Meran, Winterpromenade 9, Tel. 0473/237221
Bis nachts geöffnetes Café an der Sommerpromenade; Innen- und Außenrestauration.

Café König
Meran, Freiheitsstr. 168, Tel. 0473/237162
Traditionell-elegante Café-Konditorei mit Torten und hausgemachten Pralinen.

Sarntner Klause
Meran, Passeiergasse 36, Tel. 0473/231086
In der Altstadt gelegenes Wirtshaus mit alter Gaststube (16. Jh.) und Garten; Do Ruhetag.

Pichler
Mühlbach, Katharina-Lanz-Str. 5, Tel. 0472/849458;
Eines der besten Feinschmeckerlokale des Landes; mit reichem Wildangebot.

Wiedenplatzer Keller
Naturns, St.-Prokolus-Str., Tel. 0473/667431
Reiche Speise- und Weinkarte, auch Außenrestauration; im Sommer mit Traumblick.

Vinothek Johnson & Dipoli
Neumarkt, Andr.-Hofer-Str. 3, Tel. 0471/820323
Feinste Weine aus Südtirol und aller Welt, dazu kleine Köstlichkeiten.

Gasthof Bad Rungg
Sarnthein, Griesplatz 17, Tel. 0471/623123
Mitte August starten hier die Sarner Spezialitätenwochen (Suppen, Braten, Süßes).

Gasthof Dasser
St. Martin in Thurn (Gadertal), Tel. 0474/523120
Traditionelle ladinische Küche in einem Ambiente, das das Alter des Wirtshauses (seit 1705) stimmungsvoll unterstreicht.

Tabarel
St. Vigil in Enneberg (Gadertal), Tel. 0474/501210
Gehobene Tiroler und internationale Küche; reichhaltige Weinkarte.

Speckkeller
Wolkenstein im Grödner Tal, Tel. 0471/795425
Typisch Südtiroler Aufschnittteller zu rustikalem Ambiente; ganzjährig geöffnet.

Stand: Januar 2000

Touristik-Informationen

Kinder

Spezielle Kinderprogramme (Kletterkurse, Schlauchbootfahrten, Miniolympiade u.ä.) bieten z. B. die Gemeinden im Tourismusverband Meraner Land. Knapp 20 Häuser haben sich in eine Liste ausgewiesener Familienhotels aufnehmen lassen, in denen von der Unterbringung über das Freizeitangebot bis hin zu den Essenszeiten und -portionen alles auf Familien mit kleinen Kindern abgestellt ist (Info bei der SMG).

Öffnungszeiten

Geschäfte: In der Regel 8.30–12, 15–19 Uhr; Lebensmittelläden meist ab 8 Uhr. Individuellere Öffnungszeiten gibt es in den kleineren Orten: Am Mittwochnachmittag ist oft geschlossen.
Banken: mo–fr 8.05–12.55, 14.45–16.25 Uhr.
Post: mo–fr 8–13, Zentralpostämter 8.30 bis 18.30 Uhr; sa 8–12.30 Uhr.
Museen: sehr unterschiedlich (siehe die Wo-gibt-es-was-Seiten); Ruhetag ist meistens Montag.
Kirchen: In den Städten meist ganztägig (nicht bei Gottesdiensten stören); bei abgelegenen Kirchen nach dem Schlüssel fragen.

Reisen mit der Natur

Rund 90 Beherbergungsbetriebe erfüllen die strengen Kriterien, nach denen das begehrte Umweltsiegel Tirol-Südtirol verliehen wird (Hotels, Gasthöfe, Ferienwohnungen, Bauernhöfe, Campingplätze).
Ferien auf dem Bauernhof ist auf mehr als 1500 Land- und Bergbauernhöfen möglich. Wer mit Kleinkindern reist, sollte gefährliche Hanglagen vermeiden.

Sport

Golf: Gespielt wird auf 7 Plätzen in exquisiter Lage und 7 Driving Ranges. Einziger 18-Loch-Platz ist der des Clubs Petersberg in Deutschnofen. Zum Standard aller Ferienorte gehören auch Minigolf-Anlagen.
Radsport: Broschüre ›Radwandern‹ bei SMG; schönste Zeit ist im Tal die Obstblütenzeit (Mitte/Ende April); an der Weinstraße werden dann geführte Kultur- und Wein-Radtouren angeboten. Um Mountainbiker kümmern sich u.a. die ›Bike Hotels‹ (Prospekt/Buchung Tel. 0471/631633, Fax 633641, www.bikehotels.it).
Wer nur mal zuschauen möchte: Im Sommer gibt es mehrere hochkarätige Rennen, darunter das ›Dolomiti Superbike‹ im Hochpustertal und das ›Cross Country‹ im Sarntal.
Reiten: Es gibt viele Reitschulen mit klassischem Schulungsbetrieb und Hotels, die Geländeausritte bis hin zu mehrtägigen Trekkingtouren durch die Bergwelt bieten. Info beim regionalen FVV (s. Adressen).

Eines der schönsten Wanderziele ist für jedermann erreichbar: die Drei Zinnen in den Sextener Dolomiten.

Tennis: Neben öffentlichen Anlagen verfügen viele Hotels über Plätze, z.T. auch winterspielfähig, sowie über spezielle Trainingsangebote.
Wandern/Bergsteigen: Broschüre ›Südlich wandern‹ mit 66 Routen bei SMG; Infos zu geführten Wanderungen in die National- und Naturparke beim Amt für Naturparke, Cesare-Battisti-Str. 21, I-39100 Bozen, Tel. 0471/994300. Die Schutzhütten sind i.d.R vom 20. Juni bis 30. Sept. geöffnet.
Wassersport: Erlebnisbäder in Naturns, Tramin, St. Leonhard i. Passeier, Klausen, Brixen u. Prad; Badeseen sind der Kalterer See, die Montiggler Seen bei Eppan, der Völser Weiher und der Vahrner See bei Brixen. Kanufahren u. Hydrospeed auf fast allen Flüssen; Clubs u.a. in Sand i. Tauters, Bruneck, Sterzing, Latsch und Meran.
Wintersport: Die berühmtesten Gebiete sind Gröden, Alta Badia (Corvara) und Seiser Alm, die Plose bei Brixen und der Kronplatz bei Bruneck und im Vinschgau Sulden/Ortler und der Schnalstaler Gletscher. Weniger bekannt (und deshalb um so reizvoller) sind die kleineren Gebiete, z.B. in den Nebentälern des Pustertals oder des oberen Eisacktals (Wipptal), wo auch Langlauf groß geschrieben wird.
Ein empfehlenswerter Skipass ist der ›Dolomiti Superski‹-Pass für die Regionen Alta Badia, Gröden/ Seiser Alm, Kronplatz, Karersee, Obereggen, Hochpustertal und Eisacktal (Info unter Tel. 0471/795397). Für Skiwanderer wichtig: Lawinenwarndienst konsultieren (Tel. 0471/270555, Fax 994110).

Sprache

Deutsch wird überall verstanden; auch in mehrheitlich italienischsprachigen Orten ist immer jemand in der Nähe, der deutsch spricht. Polizei (wichtig z.B. bei Unfällen) und Behörden sind zweisprachig.

Telefon und Post

Telefonzellen funktionieren mit Münzen oder Telefonkarten (*scheda telefonica*, 1 Jahr gültig, erhältlich im Tabak- und Zeitungsladen und am Kiosk; vor der Benutzung muss man eine Ecke abknicken). Vorwahl von Italien nach Deutschland ist 0049, von Deutschland nach Italien 0039 plus (seit 1998) auch die Null der Ortsnetzvorwahl. Postsparbuchbesitzer können direkt Geld abheben. Briefmarken *(francobolli)* gibt es bei der Post oder in Tabakläden.

Törggelen

Das althergebrachte Wandern von Hof zu Hof mit dem Ziel, den ›neuen‹ Wein zu probieren, ursprünglich nur in der Zeit vom Abschluss der Gärung (11. Nov.) bis St. Katharina (25. Nov.), findet heute von Sept. bis Nov. in vielen Orten statt. Über Pauschalarrangements (inkl. Anreise u. Unterkunft) informieren die SMG und die Internet-Seite www.suedtirolerwein.com. Zum Törggelen in uriger Atmosphäre gehört ein Mahl mit Speck am Brettl, Kaminwurzen (hartgeselchte Würste), hausgemachten Breatlen (Roggenbrot), Kösten (Kastanien), Käse und eine musikalische Begleitung.

Unterkunft

Komplette Verzeichnisse von Hotels (Auswahl Seite 111) gibt es kostenlos bei der SMG und den regionalen Verbänden (s. Adressen). Über Pensionen informieren am besten die Tourismusbüros der Gemeinden (s. Wo gibt es was).

Wetterdaten

Meran	Tages-temp. max.	Nacht-temp. min.	Tage mit Nieder-schlag	Sonnen-stunden pro Tag
Januar	4°	–3°	4	4
Februar	8°	–1°	4	4
März	13°	3°	6	5
April	18°	7°	7	6
Mai	22°	10°	9	6
Juni	26°	14°	10	7
Juli	28°	16°	9	8
August	27°	15°	9	7
September	24°	12°	7	6
Oktober	17°	7°	7	5
November	10°	2°	8	3
Dezember	5°	–2°	5	3

Durchschnittswerte Quelle: Deutscher Wetterdienst, Hamburg

Register

Fett gedruckte Ziffern verweisen auf die Karten, unterstrichene Ziffern auf Abbildungen

Abteital s. Gadertal
Ahrntal 19, 37, 38, 39, 43 (Sand i. T.), 89
Aldein 81 (Neumarkt)
Algund 95 (Dorf Tirol), 110
Alitz 109 (Schlanders)
Alta Badia 67, 69 (Gadertal)
Altenburg 81 (Kaltern)
Andrian 95 (Tisens)
Antholzer Tal 36/37, 41, 43 (Welsberg)
Appiano s. Eppan
Auer 78/79, 79, 81 (Neumarkt)
Bad Dreikirchen 31 (Klausen)
Badia s. Gadertal
Barbian 31 (Klausen)
Birchabruck 110
Bozen / Bolzano 18, 44/45, 46/47, 47, 48/49, 49, 50, 51, **54**, 55, 110, 111
Brenner 23, 31 (Sterzing)
Brennerbad 31 (Sterzing)
Brixen / Bressanone 18, 20/21, 26/27, 27, 29, **30**, 31, 110, 111, 112
Bruneck / Brunico 8/9, 36, 37, 39, **42**, 43, 110, 111, 112
Burgeis 96/97, 106/107, 109 (Mals), 111
Burgstall 111
Caldaro s. Kaltern
Campill 66, 69 (Gadertal)
Campo Tures s. Sand in Taufers
Chiusa s. Klausen
Compatsch 69 (Seiser Alm)
Corvara 67, **68**, 69 (Gadertal)
Deutschnofen 79, 79, 81 (Neumarkt)
Dietenheim 36, 39, 43 (Bruneck)
Dobbiaco s. Toblach
Dorf Tirol 86/87, 87, **94**, 95
Durnholztal 55 (Sarnthein)
Eggental 69 (Seiser Alm)
Egna s. Neumarkt
Enneberg 67, 69 (Gadertal)
Eppan 70/71, 72/73, 73, 74/75, 75, 77, **80**, 81, 111, 112
Feldthurns 28, 29, 31 (Klausen)
Frangart 110
Franzensfeste 31 (Brixen)
Gadertal 37, 65, 66/67, 67, **68**, 69
Girlan 72, 81 (Eppan)
Glurns / Glorenza 104/105, 107, **108**, 109
Gossensass 23, 31 (Sterzing)
Gratsch 95 (Dorf Tirol)
Graun 107/107, 107, 109 (Mals)
Gries **54**, 55 (Bozen)
Grissian 95 (Tisens), 111
Grödner Tal 1, 5, 64/65, 65, 66, 67, **68**, 69
Gsieser Tal 41, 43 (Welsberg)
Gufidaun 31 (Klausen)
Hafling 85, 86, 95 (Meran)
Höhlensteintal 43 (Toblach)
Innichen 40, 41, **42**, 110
Jenesien **54**, 55 (Salten)
Kaltern 74/75, 75, 76/77, 77, **80**, 81, 111
Karthaus 109 (Schnalstal)
Kasern 39, 43 (Sand i. T.)
Kastelruth 59, 63, 65, **68**, 69 (Seiser Alm), 111
Katharinaberg 109 (Schnalstal)
Klerant 31 (Brixen)
Klausberg 43 (Sand i. T.)
Klausen 28/29, 29, **30**, 31, 65, 112
Klobenstein **54**, 55 (Ritten)
Kolfuschg 67, **68**, 69 (Gadertal)
Kortsch 100/101
Kronplatz 39, 43 (Bruneck), 112
Kurtatsch 81 (Tramin), 111
Kurzras 98, 109 (Schnalstal)
Laas 101, 109 (Schlanders)
Laatsch 109 (Mals)
Lajen 31 (Klausen)
Lana 90/91, 91, 93, **94**, 95
Langental 69 (Grödner Tal)
Latsch / Làces 100, **108**, 109, 111, 112
Leifers 81 (Neumarkt)
Lengmoos **54**, 55 (Ritten)
Maiern 25, 25, 29, 31 (Sterzing)
Mals / Malles Venosta 106, 107, **108**, 109, 111
Mareit 24, 25, 27, 31 (Sterzing)
Margreid 76, 81 (Tramin)
Marienberg, Kloster 109 (Mals)
Martelltal 109 (Latsch)
Mauls 31 (Sterzing), 111
Mellaun 31 (Brixen)
Meran / Merano 19, 84/85, 85, 87, 91, **94**, 95, 110, 111, 112
Missian 81 (Eppan)
Mölten **54**, 55 (Salten), 92, 95 (Tisens), 111
Monguelfo s. Welsberg
Morter 109 (Latsch)
Mühlbach 34, 35, 43 (St. Lorenzen), 111
Münstertal 109 (Glurns)
Müstair (CH) 104, 109 (Glurns)
Nals 92/93, 93, 95 (Tisens)
Naturns / Naturno 98/99, 101, **108**, 109, 111, 112
Neumarkt 78/79, 70, **80**, 81, 111
Neustift, Kloster 10/11, 27, 31 (Brixen)
Niedervintl 35, 43 (St. Lorenzen)
Oberbozen **54**, 55 (Ritten)
Olang 41, 43 (Welsberg)
Ortiseï s. St. Ulrich
Partschins 99, 109 (Naturns)
Passeiertal 18, 88/89, 89, 95 (St. Leonhard)
Penser Tal 55 (Sarnthein)
Pfundertal 35, 43 (Sand i. T.)
Pfossental 109 (Schnalstal)
Plose 29, 29, 31 (Brixen), 69 (Gadertal), 112
Prad / Prato 18, 102/103, 105, **108**, 109, 112
Pragser Tal 40/41, 41, 43 (Welsberg)
Prettau 39, 41, 43 (Sand i. T.)
Prissian 92, 93, 95 (Tisens), 111
Rasen 43 (Welsberg), 111
Ratschingstal 24, 27, 31 (Sterzing)
Reintal 38, 39, 43 (Sand i. T.)
Renon s. Ritten
Reschen 106/107, 107, 109 (Mals)
Ridnauntal 25/26, 25, 27, 31 (Sterzing), 111
Riffian 95 (Schenna)
Ritten 31 (Klausen), 37, 50/51, 51, 53, **54**, 55
Rodeneck 35, 43 (St. Lorenzen)
Rojen 109 (Mals)
Säben, Kloster 29, 31 (Klausen)
Saltaus 88, 89, 95 (St. Leonhard i. P.)
Salten **54**, 55
Salurn 79, 81 (Neumarkt)
San Candido s. Innichen
San Lorenzo s. St. Lorenzen
Sand in Taufers 38/39, 39, **42**, 43, 112
Sarntal 12/13, 52/53, 53, 55 (Sarnthein), 112
Sarnthein / Sarentino 52/53, 53, **54**, 55, 111
Schenna / Scena 86, 87, **94**, 95
Schlanders 100, **108**, 109, 110
Schlern 59, 59, 60, 61, 63, **68**, 69
Schluderns 19, 105, 107, 109 (Glurns)
Schnalstal 98/99, 101, 103, **108**, 109
Schöneck 43 (St. Lorenzen)
Seis / Siusi 58, **68**, 69 (Seiser Alm), 110
Seiser Alm 56/57, 58/59, 59, 60, 61, 62/63, 63, **68**, 69, 112
Sellajoch 69 (Seiser Alm)
Sexten / Sextental 32/33, 40, 43 (Innichen), 111
Signat 55 (Ritten)
Silandro s. Schlanders
Speikboden 43 (Sand i. T.)
St. Christina 65, **68**, 69 (Grödner Tal), 110, 111
St. Gertraud 93, 95 (Ultental)
St. Jakob 69 (Grödner Tal)
St. Kassian 69 (Gadertal)
St. Leonhard i. Gadertal **68**, 69 (Gadertal)
St. Leonhard i. Passeier 89, 91 **94**, 95, 110, 112
St. Lorenzen 34, 37, **42**, 43, 111
St. Martin i. Passeier 89, 95 (St. Leonhard i. P.)
St. Martin i. Thurn 66/67, **68**, 69 (Gadertal), 111
St. Michael 81 (Eppan)
St. Nikolaus 95 (Ultental)
St. Pauls 70/71, 74/75, 81 (Eppan)
St. Sigmund 43 (St. Lorenzen)
St. Ulrich 5, 64, 65, 67, **68**, 69 (Grödner Tal), 111
St. Valentin a. d. Haide 109 (Mals)
St. Vigil i. Enneberg 67, **68**, 69 (Gadertal), 111
St. Walburg 95 (Ultental)
Stange 31 (Sterzing)
Steinhaus 39, 43 (Sand i. T.), 110
Sterzing 6/7, 18, 22/23, 23, 25, **30**, 31, 110, 111, 112
Stilfser Joch 19, 102/103, 105, 107, **108**, 109
Stuls 89, 95 (St. Leonhard i. P.)
Suldental 102, 105, 109 (Prad), 112
Tarsch 109 (Latsch)
Tartsch 107
Tauferer Tal 38/39, 39, 43 (Sand i. T.)
Taufers 109 (Glurns)
Terenten 34/35, 35, 37, 43 (St. Lorenzen)
Terlan 92/93, 93, **94**, 95
Termeno s. Tramin
Tésimo s. Tisens
Tiers **68**, 69 (Seiser Alm)
Tierser Tal 59, 69 (Seiser Alm)
Tisens 93, **94**, 95, 111
Toblach 35, 41, 41, **42**, 43
Trafoier Tal 105, 109 (Prad)
Tramin 19, 75, 75, 76, 77, 79, **80**, 81, 111
Ultental 91, 93, 95 (Lana)
Unterinn 55 (Ritten)
Uttenheim 39, 43 (Sand i. T.)
Vahrn 10/11, 27, 31 (Brixen), 112
Val Badia s. Gadertal
Val Gardena s. Grödner Tal
Vernagt 109 (Schnalstal)
Villanders 31 (Klausen)
Villnößtal 3, 28, 31 (Klausen)
Vilpian 55 (Salten)
Vintl 43 (St. Lorenzen)
Vipiteno s. Sterzing
Völs 63, **68**, 69 (Seiser Alm), 112
Waidbruck 28/29, 31 (Klausen)
Weißlahnbad 69 (Seiser Alm)
Welsberg **42**, 43
Welschnofen 79
Wengen 69 (Gadertal)
Wolkenstein 59, 64, 65, 67, 69 (Grödner Tal)
Zwischenwasser 69 (Gadertal)

Burgen und Schlösser

Brunnenburg 86, 95 (Dorf Tirol)
Boymont 72/73, 75, 81 (Eppan)
Castelfeder 78/79, 81 (Neumarkt)
Churburg 18, 105, 107, 109 (Glurns)
Ehrenburg 43 (St. Lorenzen)
Fahlburg 95 (Tisens)
Fischburg 69 (Grödner Tal)
Franzensfeste 31 (Brixen)
Fürstenburg 106/107, 109 (Mals)
Haderburg 79, 81 (Neumarkt)
Hauenstein 63, 69 (Seiser Alm)
Hocheppan 72/73, 75, 81 (Eppan)
Juval 109 (Schnalstal)
Kastelbell 109 (Latsch)
Katzenzungen 95 (Tisens)
Korb 72/73, 75, 81 (Eppan)
Lichtenberg 109 (Prad)
Neuhaus 93, 95 (Tisens)
Prösels 63, 69 (Seiser Alm)
Reifenstein 6/7, 23, 25, 31 (Sterzing)
Rodenegg 35, 35, 43 (St. Lorenzen)
Runkelstein 50/51, 55 (Bozen)
Schwanburg 92/93, 95 (Tisens)
Sigmundskron 73, 81 (Eppan)
Sonnenburg 37, 43 (St. Lorenzen)
Sprechenstein 31 (Sterzing)
Taufers 38/39, 39, 43 (Sand i. T.)
Tirol 86/87, 87, 95 (Dorf Tirol)
Trostburg 28/29, 31 (Klausen), 69 (Seiser Alm)
Velthurns 28, 31 (Klausen)
Wehrburg 92, 95 (Tisens), 111
Wolfsthurn 24, 31 (Sterzing)
Wolkenstein 69 (Grödner Tal), 111

Natur- und Nationalparke

Fanes-Sennes-Prags 69 (Gadertal)
Rieserfernergruppe 36, 43 (Sand i. T.)
Schlern 58/59, 60/61, 61, 63, 69 (Seiser Alm)
Sextener Dolomiten 32/33, 40/41, 41, 43 (Innichen), 112
Stilfser Joch 19, 95 (Ultental), 102/103, 105, **108**, 109
Texelgruppe 109 (Schnalstal)
Trudner Horn 81 (Neumarkt)

Zeichenerklärung Karten

Impressum

1. Auflage 2000

Verlag: HB Verlags- und Vertriebs-Gesellschaft mbH, Alsterufer 4, 20354 Hamburg, Postfach 300660, 20347 Hamburg, Telefon 040/4151-04, Telefax 040/4151-1852, www.hb-verlag.de

Geschäftsführer: Kurt Bortz, Dr. Joachim Dreyer, Dr. Brigitte Nimnate

Redaktion und Produktion: Harksheider Verlagsgesellschaft mbH, Fabersweg 1, 22848 Norderstedt, Telefon 040/528862-0, Telefax 040/5234056, E-mail HVGmbh@aol.com

Redaktion: Ulrike Klugmann (verantwortlich), Dr. Johannes Bohmann, Helga Schnehagen, Christoph Schumann **Redakteur dieser Ausgabe:** Dr. Johannes Bohmann

Text und Bildrecherche: Ulf Hausmanns, Wachtberg **Exklusiv-Fotografie:** Werner Fabig, Mönchengladbach; Seite 110: Tourismusverband Meraner Land **Layout:** Rolf Bünermann, Gütersloh

Karten: © Mairs Geographischer Verlag; Stadtplan Bozen (Seite 54): cartomedia, Karlsruhe

HB-Bildatlas Fotoservice: Harksheider Verlagsgesellschaft mbH, Fabersweg 1, 22848 Norderstedt, Telefon 040/528862-22, Telefax 040/5234056

Anzeigenalleinverkauf: KV Kommunalverlag GmbH, Postfach 810565, 81905 München, Telefon 089/928096-24, Telefax 089/928096-20

Vertrieb Zeitschriftenhandel: Partner Pressevertrieb GmbH, Postfach 810420, 70521 Stuttgart, Telefon 0711/7252-227, Telefax 0711/7252-310

Vertrieb Abonnement und Einzelhefte: Zenit Pressevertrieb GmbH, Postfach 810640, 70523 Stuttgart, Telefon 0711/7252-198, Telefax 0711/7252-333

Vertrieb Buchhandel: Mairs Geographischer Verlag, Marco-Polo-Zentrum, 73760 Ostfildern, Telefon 0711/4502-0, Telefax 0711/4502-340

Reproduktionen: Otterbach Repro GmbH & Co., Rastatt **Druck und buchbinderische Verarbeitung:** Echter Würzburg. Printed in Germany

ISBN 3-616-06108-3

Rügen · Usedom · Hiddensee

Die Ostsee von ihrer schönsten Seite

Foto: Der Leuchtturm auf dem Dornbusch – Hiddensees Wahrzeichen.

Wo ist sie denn nun am schönsten? Auf Rügen, Deutschlands größter und vielseitigster Insel mit ihren Kreidefelsen, lichten Wäldern, endlosen Stränden und den frisch renovierten alten Seebädern Binz, Sellin, Baabe und Göhren? Oder auf der kleineren Schwester Usedom ganz im Osten der Republik mit prachtvollen Badeorten aus der Kaiserzeit, ebenso feinen Stränden und noch dazu den meisten Sonnenstunden Deutschlands? Und dann ist da ja auch noch Hiddensee, das Inselchen aus einer anderen Zeit, auf dem statt Autos Pferdekutschen unterwegs sind.

Da gibt's nur eines: Meer, und Strand genießen – und die Frage nach der Schönsten im Land den Malern und Dichtern überlassen. Denn die haben die drei Ostseeinseln schon immer geliebt. Sie wurden schnell zum Traumziel. Doch ob zu Kaisers oder Erichs Zeiten – Urlaub in Binz oder Zinnowitz blieb für viele ein Wunsch. Mittlerweile hat man IC-Anbindung und Unterkünfte mehr als genug. Einst verschlafene Fischerdörfer haben jetzt Jachthäfen, aus bröckelnden Villen wurden strahlende Schmuckstücke. Und im Sommer gibt's so viele Beachpartys und Seebrückenfeste, dass manch einer Reißaus nimmt.

Im Hinterland blieb viel bewahrt, was im Westen längst dem lieben Fortschritt geopfert wurde: naturgeschützte Seen und Bodden, Alleen wie aus dem Bilderbuch oder auch der Rasende Roland, Rügens qualmende Schmalspurbahn. Trubel oder Stille – der neue HB-Bildatlas sagt, wo man was findet.

Lieferbare Ausgaben

DEUTSCHLAND

93 Allgäu
198 Altmühltal
108 Bayerisch Schwaben
204 Bayerischer Wald
107 Berlin
185 Bodensee
111 Brandenburg
178 Chiemgau · Berchtesgadener Land
145 Dresden · Sächsische Schweiz
116 Düsseldorf
121 Eifel · Aachen
133 Elbe und Weser · Nordseeküste
77 Emsland · Grafschaft Bentheim
171 Erzgebirge · Vogtland · Chemnitz
190 Fichtelgebirge · Frankenwald · Coburger Land
65 Frankfurt
125 Fränkische Schweiz
131 Hamburg
131 Hamburg, English Edition
73 Hannover · Braunschweiger Land
129 Harz
188 Hessisches Bergland
90 Hunsrück · Naheland · Rheinhessen
103 Köln
137 Mainfranken · Steigerwald · Haßberge
99 Mecklenburg-Vorpommern
151 Mittelfranken
135 Mosel
165 München
119 Münsterland · Münster
153 Nördlicher Schwarzwald
159 Nordseeküste Schleswig-Holstein
196 Oberbayern zwischen Lech und Inn
95 Oberpfalz · Regensburg
143 Odenwald · Kraichgau · Bergstraße
51 Osnabrücker und Tecklenburger Land
155 Ostbayern zwischen Donau und Inn
168 Ostseeküste Mecklenburg-Vorpommern
157 Ostseeküste Schleswig-Holstein
112 Pfalz
194 Potsdam · Havelland
149 Rhein und Ruhr
127 Rhön
161 Saarland
78 Sachsen
114 Sachsen-Anhalt
110 Sauerland
200 Schwäbische Alb
179 Seen in Mecklenburg und Lauenburg
147 Spessart
139 Südschwarzwald
182 Tauber und Neckar · Stuttgart · Heilbronn · Rothenburg
173 Teutoburger Wald · Ostwestfalen
94 Thüringen
141 Thüringer Wald
202 Trier
163 Weimar · Erfurt · Nördliches Thüringen
123 Weserbergland
98 Westerwald · Taunus · Rheingau

BENELUX

187 Flandern · Brüssel
146 Holland – Inseln · Küste · Amsterdam
62 Luxemburg

FRANKREICH

160 Atlantikküste
122 Bretagne
67 Côte d'Azur · Monaco
113 Elsaß
91 Paris
85 Korsika
102 Loire
132 Normandie
192 Provence
184 Südfrankreich · Languedoc-Roussillon

GRIECHENLAND · ZYPERN

193 Athen · Peloponnes
140 Griechische Inseln · Kykladen
189 Korfu · Ionische Inseln
81 Kreta
104 Rhodos · Dodekanes
166 Zypern

GROSSBRITANNIEN · IRLAND

158 Irland
197 Kanalinseln
175 London
144 Schottland
124 Südengland

ITALIEN · MALTA

195 Adriaküste · Emilia Romagna
126 Gardasee · Trentino
156 Golf von Neapel · Kampanien
128 Malta
142 Oberitalienische Seen · Lombardei · Mailand
74 Riviera · Genua
105 Rom
136 Sardinien
92 Sizilien
201 Süditalien · Apulien · Basilikata
207 Südtirol
167 Toskana · Florenz
181 Venedig · Venetien · Friaul · Triest

MITTEL- UND OSTEUROPA

164 Böhmen
138 Budapest
148 Danzig · Ostsee · Masuren
120 Prag
152 St. Petersburg

ÖSTERREICH

162 Burgenland
170 Kärnten
199 Niederösterreich · Wachau
100 Salzburger Land · Salzburg
66 Steiermark · Graz
174 Tirol
47 Vorarlberg
206 Wien

SCHWEIZ

154 Basel · Bern · Aargau · Solothurn
115 Graubünden
172 Tessin
191 Westschweiz · Genfer See · Wallis
72 Zentral- und Ostschweiz

SPANIEN · PORTUGAL

130 Algarve · Lissabon
150 Costa Blanca · Valencia · Alicante
109 Costa Brava · Katalonien
83 Costa del Sol · Andalusien
176 Gran Canaria · Fuerteventura · Lanzarote
134 Madrid
117 Mallorca · Menorca · Ibiza · Formentera
203 Nordportugal
205 Nordspanien
177 Teneriffa · La Palma · Gomera · Hierro

SKANDINAVIEN

183 Bornholm
68 Dänische Inseln
186 Jütland
180 Nordnorwegen
169 Südfinnland · Helsinki
106 Südnorwegen
118 Südschweden · Stockholm

In Vorbereitung

208 Rügen · Usedom · Hiddensee
209 Lüneburger Heide
210 Mittelitalien – Marken · Umbrien · Abruzzen

Überall im Buchhandel / Bahnhofsbuchhandel erhältlich oder zu bestellen unter Telefon 0711/7252-198, Fax 0711/7252-333

Vielfalt und Qualität aus Südtirol

Die Schutzmarke garantiert Herkunft und Qualität

Mit Südtiroler Markenspeck GGA (geschützte geographische Angabe) ist Ihnen höchste Qualität sicher. Denn er ist nach bester Südtiroler Tradition hergestellt, Hamme für Hamme amtlich kontrolliert und mindestens 22 Wochen natürlich gereift.

Mehr als 2000 Sonnenstunden im Jahr, das Wechselspiel von kühlen Luftströmen und warmen Südwinden, warme Tage und kühle Nächte verleihen dem Südtiroler Alpen Apfel sein unverwechselbares, saftig frisches Aroma, das feste knackige Fruchtfleisch und die schöne sortentypische Färbung.

Südtiroler Brotspezialitäten haben Tradition. Landestypische Brotsorten, die sich über Jahrhunderte entwickelt haben, werden auf schonende Weise aus bestem Getreide und hochwertigem Mehl hergestellt. Nur die lokaltypischen Brotsorten wie z. B. Schüttelbrot, Fladenbrot oder die Paarlen tragen die Schutzmarke.

Höhenluft macht Beeren rot. Südtiroler Erdbeeren schmecken mindestens so gut wie sie aussehen. Sie stammen von Anbaugebieten, die zwischen 800 und 1.600 m hoch liegen. In diesen Höhenlagen reifen die Beeren aufgrund der niederen Temperaturen langsamer heran und entwickeln deshalb mehr Geschmack und ein volleres Aroma.

Echter Südtiroler Honig aus heimischen Imkereien ist ein reines Naturprodukt, reich an natürlichen Inhaltsstoffen und ein wertvoller Energiespender. Honig aus Südtirol tut gut und schmeckt gut.

Besonders knackige Salate und köstliches Gemüse gedeihen in luftigen Höhenlagen. Sonnige Tage und kühle Nächte schaffen die idealen Bedingungen für beste Gemüsequalität. Die wichtigsten Sorten sind Blumenkohl, Radicchio, Rote Rüben, Eisbergsalat und Kartoffeln.

Südtiroler Grappa zeichnet sich durch höchste Reinheit und Qualität aus, für seine Herstellung werden nur ausgesuchte Trester aus Südtiroler Trauben verwendet. Südtiroler Grappa ist eine glasklare Spezialität und einzig in seiner Art.

Die würzigen Gräser der Bergwiesen und die reine Almluft geben der Südtiroler Milch ihre einzigartige Qualität. Südtiroler Milchprodukte erkennt man an ihrem frischen und naturreinem Geschmack und an der Schutzmarke Südtirol, der Garantie für Herkunft und Qualität.

SÜDTIROL

Info:
WIFI, I-39100 Bozen, Perathonerstr. 10, Fax 0039-0471 945692
E-Mail: wifi-promotion@hk-cciaa.bz.it

meran · dorf tirol · algund

perle der alpen

Das Burggräfler Ferien-paradies

Tourismusverband
Meran - Dorf Tirol - Algund

I - 39012 Meran

Freiheitsstraße 45

www.meran-tirol-algund.com

e-mail: info@meran-tirol-algund.com

- Kurverwaltung
- I - 39012 Meran
- Freiheitsstraße 45
- tel 0039 0473 235223
- fax 0039 0473 235524
- www.meraninfo.it
- e-mail: info@meraninfo.it

- Tourismusbüro
- I - 39019 Dorf Tirol
- Hauptstraße 31
- tel 0039 0473 923314
- fax 0039 0473 923012
- www.dorf-tirol.it
- e-mail: info@dorf-tirol.it

- Tourismusbüro
- I - 39022 Algund
- Alte Landstraße 33/B
- tel 0039 0473 448600
- fax 0039 0473 448917
- www.algund.com
- e-mail: info@algund.com

MERAN THE SUNNY CITY

Seit über 100 Jahren

**** Hotel Castel Fragsburg

Hotel Relais du Silence Silencehotel

I-39012 **Meran**-Südtirol-Italien
Fragsburgerstrasse 1A
Tel. 00 39-04 73-24 40 71 Fax 00 39-04 73-24 44 93
E-mail: info@fragsburg.com
http://www.fragsburg.com

„Mit Bestimmtheit eines der schönstgelegensten Hotels in ganz Norditalien…“
„Insider-Hotels“ Werd-Verlag-Zürich

„Es gehört zu Meran und liegt dennoch in einer anderen Welt…“
„Merian Südtirol“ Ausgabe 1998

„Hier sind Natur und Tradition von jeher eng miteinander verbunden. Eine Adresse mit Seltenheitswert…“
„Hotels und Landgasthäuser mit Charme in Italien“- Edition Rivages-Paris

Anzeigen

meran · dorf tirol · algund
perle der alpen

MERAN
THE SUNNY CITY

Informationen: Kurverwaltung Meran
I-39012 Meran, Freiheitsstraße 45
Tel. 0039 0473 235223, Fax 0039 0473 235524
www.meraninfo.it, e-mail: info@meraninfo.it

Continuatio in traditione

CASTEL RUNDEGG
HOTEL & BEAUTY FARM

I-39012 MERAN – SCHENNASTRASSE 2
TEL. 04 73 / 23 41 00, FAX 04 73 / 23 72 00
E-mail: rundegg@tophotels.net
Internet: www.castel-rundegg.it

Genießen Sie das einmalige, elegante und stilvolle Ambiente, verbunden mit neuzeitlichem Luxus, gehobene Gastronomie und rundum erstklassige, individuelle und persönliche Betreuung im romantischen Schloß

CASTEL RUNDEGG
Hotel & Beauty Farm
Meran

im grünen Villenviertel von Obermais.

CASTEL RUNDEGG verfügt über 30 Zimmer, davon 2 Suiten, Aufenthaltsräume, gotische Speisesäle, Bar, eine botanische Parkanlage, Hallenbad, Sauna- und Dampfbad, Kneippbecken, Unterwasser-Massagen und über eine sehr gut ausgestattete Fitnesshalle. Parkplatz und Garagen sowie ein freundlich gelungener Seminarraum mit bis zu 30 komfortablen Plätzen stehen zur Verfügung.

Der Kur- und Beauty-Bereich ist stets auf dem aktuellsten Stand. Ärzte, Diätassistentin, ein geprüfter Mitarbeiterstab, Physiotherapeuten, Masseur/eusen, Kosmetikerinnen tragen dazu bei, daß neben Erholung und Wohlbefinden auch Körper und Gesundheit nicht zu kurz kommen.

HOTEL MERANERHOF
✱✱✱✱

Im Herzen des Kurstädtchens Meran, direkt gegenüber der Kurpromenade, dem Thermal- und Kurzentrum, befindet sich der Meranerhof. Ein Haus mit Tradition, wo Herzlichkeit und Gastfreundschaft großgeschrieben wird.
Einzel- und Doppelzimmer, 2 Junior-Suiten mit allem Komfort.
Gemütliche Hausbar, TV- und Konferenzraum, klimatisiertes Restaurant, Sonnenterrasse, hübscher Garten mit beheiztem Freibad, Liegewiese, Tischtennis, Privatparkplatz (abgeschlossen), Sauna, Solarium, Massagen.
Entspannung für Körper, Geist und Seele in unserem Beauty Paradies AVALON.

Wir haben das ganze Jahr für Sie geöffnet und freuen uns auf Ihren Besuch.

Traudl u. Astrid Eisenkeil

HOTEL MERANERHOF
★★★★
Manzonistraße 1
I-39012 MERAN
Telefon 00 39 / 04 73 / 23 02 30
Fax 00 39 / 04 73 / 23 33 12
www.tophotels.com/meranerhof
e-mail: meranerhof@tophotels.net

Die Sonneninseln

★★★★ S
PARK HOTEL
MIGNON
MERAN

... wunderschönen grossen Park gelegen, 3 Min. vom Zentrum entfernt. Neben Qualität aus Küche und Keller begeistert das Parkhotel Mignon mit einem großen beheizten Freibad, Hallenbad, finnischer Sauna, römischen Dampfbad, Solarium und dem Wellness-Club für ganzheitliches Wohlbefinden.

Familie Glatt-Amort
39012 Meran, Grabmayr Straße 5
Tel. 0473 23 03 53, Fax 0473 23 06 44
www.hotelmignon.com - info@hotelmignon.com

BELVITA
★★★★
HOTEL ADRIA
MERAN

Ihr Jugendstilhotel im Villenviertel von Meran. Zum Wohlfühlen alles inklusive, großes Hallenbad, Saunapavillon mit Dampfsauna, Finnischer Sauna und Whirl Pool. Beauty- und Wellness- und Bewegungsangebote.

Familie Glatt-Amort
39012 Meran, Gilm-Straße 2
Tel. 0473 23 66 10, Fax 0473 23 66 87
www.hotel-adria.com - info@hotel-adria.com

meran · dorf tirol · algund
perle der alpen

MERANO
THE SUNNY CITY

Informationen: Kurverwaltung Meran
I-39012 Meran, Freiheitsstraße 45
Tel. 0039 0473 235223, Fax 0039 0473 235524
www.meraninfo.it, e-mail: info@meraninfo.it

HOTEL BAVARIA ★★★★ HOTEL PALMA ★★★

In sehr schöner Lage, 8 Gehminuten zum Stadtzentrum.
Entspannen im herrlichen Park (8.000m²) mit Palmen und Zedern, im Freibad inmitten mediterraner Vegetation, im Hallenbad im Jugendstil (Whirpool u. Dampfbad), oder bei einer wohltuenden Massage. Idealer Ausgangspunkt für Ausflüge u. Wanderungen. Wir verwöhnen Sie bei Gourmet-Diners, Spezialitätenbuffets, geselligen Aperitif- und Musikabenden, Weinverkostungen. Sonderpreise im Juni und Juli.

I-39012 Meran, Kirchsteig 15 - Südtirol
Tel. 0039 0473 236 375, Fax 0039 0473 236 371
Internet: www.bavaria.it, E-mail: bavaria@dnet.it

Ferienwohnungen mit Komfort im Villenviertel von Meran

Großzügige, sonnige Ferienwohnungen in ruhiger Residenzzone, nur 12 Gehminuten vom Stadtzentrum entfernt, **mit dem ganz besonderen Verwöhnservice:** Apartments für 2–7 Personen, auf Wunsch mit Frühstück (bis 11.30 Uhr), ab 70 EURO für 2 Personen pro Tag, beheizter Freipool 28° mit Gegenstromanlage, 5000 qm sonnige Parkanlage, Hausbar, Terrassencafé, Sauna, Dampfbad, Solarium, Massagen, Parkplatz, Garagen, geführte Wanderwochen, Golfspezialwochen, Juli + August Kinderanimation, Familienspezialwochen, Kinderspielplatz, Mountain-Bike-Verleih … und vieles mehr!

Die ideale Ferienadresse für einen unbeschwerten Urlaub!

APARTMENTHAUS ZEA CURTIS STALLELEHOF

Familie Waldner – ganzjährig geöffnet
Maria Troststraße 24, I-39012 Meran – Südtirol
Tel. 0039 0473 234046 Fax 0039 0473 211956 Internet www.ZeaCurtis.com

Gründerhotel Golfclub Lana (15 Automin. entfernt)

GARNI Landhaus Weger

I-39012 Meran
Laberser Straße 35
Tel. 00 39 / 04 73 / 23 47 60
Fax: 00 39 / 04 73 / 25 84 69

Unser Haus in sonniger, ruhiger Lage, umgeben von gepflegten Obst- und Weingärten, bietet einen herrlichen Panoramablick auf Meran, das Etschtal und die umliegende Bergwelt. Hier finden Sie Ruhe und Erholung. Alle Zimmer mit Dusche/WC, Balkon und Telefon. Gemütlicher Speiseraum, Fernsehraum mit Sat-TV, Sonnenterrasse, große Liegewiese, Freischwimmbad und überdachte Parkplätze.

Familiäre Gemütlichkeit und persönliches Ambiente laden Sie ein....

**Pension Grafenstein

Familie Obex
I-39012 Meran/Obermais
Schennastraße 49
Telefon u. Fax:
00 39 / 04 73 / 23 46 10

Sonniges Meran

In schöner Lage inmitten von Obstgärten – zum Entspannen und Wohlfühlen. Unsere geräumigen Zimmer sind mit DU/WC oder Bad, Radio, TV, Safe und größtenteils mit Balkon ausgestattet.
Auch Kinderspielplatz, Liegewiese, Tischtennis sowie Parkplätze sind genügend vorhanden. Ideal für Ihren Wander- und Törggele-Urlaub.

EQUAL GRAPHICS

Familie Guflers Ansitz ist ein Juwel in Meran-Obermais, in ruhiger, sonniger Lage mit eigenem Weinberg. Erlebnishallenbad, Sauna, Massagen, Freibad, große Liegewiese, Frühstücksterrasse und ein idyllischer Innenhof für gemütliche Stunden.

Ansitz Plantitscherhof ★★★★

… genießen mit Flair

Familie Gufler
I-39012 Meran/Obermais, Dantestr. 56
www.ansitz-hotels.com • info@ansitz-plantitscherhof.com
Tel. ++39 0473 23 05 77 • Fax ++39 0473 21 19 22

Gufler's ANSITZ HOTELS

meran · dorf tirol · algund
perle der alpen

DORF TIROL

Informationen: Tourismusbüro Dorf Tirol
I-39019 Dorf Tirol, Hauptstraße 31
Tel. 0039 0473 923314, Fax 0039 0473 923012
www.dorf-tirol.it, e-mail: info@dorf-tirol.it

Hotel Alpenhof ★★★

Das kleine, aber feine, familiäre Hotel am Ortsanfang von Dorf Tirol

Erleben Sie fröhliche Tage, geprägt von Herzlichkeit und Tiroler Gastlichkeit. Wir bieten gemütliche Komfortzimmer, gute Küche, einen erholsamen Garten, beheiztes Freibad mit Liegewiese, Hausbar.

Fam. Geier • Hauptstraße 50, I-39019 Dorf Tirol
Tel. aus BRD: 0039 / 0473 / 92 33 45 • Fax 92 36 35

Direkt neben dem Hotel befindet sich unsere Dependance

Rufen Sie doch einfach an!

HOTEL BELLEVUE ★★★

Fam. Klotzner Franz · Segenbühelweg 21 · I-39019 Dorf Tirol
Tel. 04 73 / 92 35 22 · Telefax 04 73 / 92 31 74

Hotel in besonders ruhiger und sonniger Lage mit Blick auf Meran; neben Sessellift Dorf Tirol/Meran. Überdachte Autoparkplätze. Wöchentliche Führungen mit dem Gastwirt. Auch für Busse geeignet. Das Haus liegt inmitten eigener Obst- und Weingärten. Nähe Gästebushaltestelle.

★★★ Lechner PENSION · CAFÈ

Fam. Lechner · I-39019 Dorf Tirol bei Meran · Haslachstraße 109
Tel. 04 73 92 33 81 · Fax 04 73 92 37 83 · Eurovorwahl: 00 39 04 73
http:www.sudtirol.com/lechner · E-mail: lechner@sudtirol.com

- *Ruhige, sonnige Lage direkt am Waldrand*
- *Herrliche Aussicht auf die Stadt Meran und das gesamte Etschtal*
- *Reichhaltiges Frühstück vom Buffet*
- *Komfortabel eingerichtete Zimmer und Appartements*
- *Bushaltestelle in nächster Nähe (Gratis-Gastebus!)*
- *Ausgangspunkt unzähliger Wandermöglichkeiten und Bergtouren*
- *Kulturelle Veranstaltungen im Vereinshaus*
- *Großes Freizeitangebot in Dorf Tirol und Meran (5 km)*
- *Sommerprogramm für Kinder, organisiert vom Tourismusverein Dorf Tirol*
- *Sehenswerte Museen, Burgen und Kirchen im Burggrafenamt*
- *Tagesausflüge zum Schnalstaler Gletscher, in die Dolomiten, zum Gardasee, nach Verona und Venedig.*

Tiefgarage
Hallenbad
Liegewiese
Lift
Sauna
Dampfbad
Solarium
Sonnenterrasse
Fitnessgeräte
Tischtennis
Tagescafé

Residence ★★★ Hirzer

I-39019 DORF TIROL
Aichweg 24
Tel. u. Fax: 00 39 / 04 73 / 92 34 20
E-mail:
residence.hirzer@tophotels.net

Unsere Appartements für 2–6 Personen sind sehr gemütlich eingerichtet und mit Dusche/WC, Balkon, Küchenzeile, Farb-TV, Radio, Direktwahltelefon und Safe ausgestattet. Weiters gehören zu unseren Einrichtungen: geheiztes Hallenbad, Sauna, Solarium, Kneippbecken, Fitnessraum, Massagedusche, Whirlpool, Freischwimmbad mit Kinderbecken, Tischtennis, sonnige Liegewiese, Hausbar, Aufenthaltsraum, Tiefgarage, Lift, große Terrasse.

Ein Paradies für Naturliebhaber, Erwachsene und Kinder.

APP. - RESIDENCE REINSTALLER ★★★

Fam. Reinstaller
Aichweg 17
I-39019 Dorf Tirol
Tel. 04 73 23 11 70
Fax 04 73 27 66 37

Für Ihre Ferien im Grünen, in herrlicher Aussichtslage, empfehlen wir unsere neuerbauten, gemütlichen und geräumigen 2-Zimmer Appartements, mit Loggias, freier Panoramarundsicht, nach Süden gelegen, gepflegter Liegewiese mit altem Baumbestand und großem Schwimmbad (10 x 6 m). 15 Gehminuten ins Dorfzentrum. Gratisgästebus und öffentliche Bushaltestelle in unmittelbarer Nähe.

DORF TIROL

meran · tirol · algund
perle der alpen

Informationen: Tourismusbüro Dorf Tirol
I-39019 Dorf Tirol, Hauptstraße 31
Tel. 0039 0473 923314, Fax 0039 0473 923012
www.dorf-tirol.it, e-mail: info@dorf-tirol.it

HOTEL ☆☆☆ KRONE

FAMILIE CHIZZALI · DORF TIROL BEI MERAN

I-39019 Dorf Tirol bei Meran • Aichweg 20
Tel. 04 73 / 23 67 99 • Fax: 04 73 / 21 16 26 • Mobiltel. (0) 3 35 / 6 20 21 20
Internet: http://www.hotelkrone.com • E-mail: info@hotelkrone.com

Es erwartet Sie ein Haus in herrlicher Panoramalage und eingebettet im Grünen, dessen reizvolle Architektur alle Spannungen anzunehmen weiß; ausgestattet mit großzügig angelegter Schwimmbadanlage und Plantschbereich, Spielecke, Sandtennisplatz mit Flutlicht, 2 x Golf (10 km Entf.), Saunalandschaft mit Dampfbad, Fitnessbereich mit Solarium, Kinderzimmer, Garagen, Lift, Mountainbikes, Tischtennis, geführte Hauswanderungen und einer besonders feinen Küche für Feinschmecker sowie intime Wohnatmosphäre in niveauvoll gehaltener Infrastruktur, mit komfortabel eingerichteten Zimmern, Komfortzimmern, Suiten und Delux-Suite, alle mit Balkon, Sat-TV, Safe und Fön, ergänzen Ihr Wohlbefinden in unserem baubiologisch ausgelegten Haus. Komplett neu umgebaut 1999/2000.

HOTEL JOHANNIS ***

Fam. Johann Götsch
Aichweg 37, I-39019 Dorf Tirol
Tel. 04 73 23 33 36, Fax 04 73 23 33 81
www.johannis.it
e-mail: johannis.tirol@rolmail.net

Genießen Sie absolute Ruhe, familiäre Gastfreundschaft in herrlicher alleinstehender Aussichtslage inmitten von 20.000 m² eigenen Obst- und Weingarten. 15 Gehminuten zur Dorfmitte. Eigenbauwein, vorzügliche Küche. Salat- und Dessertbuffet.
Neu: Großes Freibad mit Whirlbank.

HOTEL ★★★ Stephanshof

Familie Hofer
I-39019 Dorf Tirol, Haslachstraße 61/a
Tel. 04 73 / 92 30 55, Fax 04 73 / 92 30 98
Eurodurchwahl: 00 39 / 04 73 /...
www.tophotels.com/stephanshof/
E-Mail: Hotel-Stephanshof@dnet.it

Das erste all'inklusive Komforthotel in Dorf Tirol mit dem Umweltsiegel ausgezeichnet!

Begrüßungstrunk • Sektfrühstück • Frühschoppen mit Weißwurst • Frühstücksbuffet • Biokost • Getränke zum Abendessen

Erlebnishallenbad • Whirlpool • Jetstream • Massagedusche • Massagebett • Solarium • Sauna • Türkisches Dampfbad

Wohnschlafzimmer mit DU/WC • Bidet • Fön • Telefon • Safe • Sat-Farb-TV • Radio

Fahrstuhl • behindertengerecht • Parkplatz • Tiefgaragen • Wintergarten

Parkanlagen mit Teich • Mountainbike • Tennis und Golf in der Nähe • geführte Wanderungen

Kinderspielplatz • Kinderspielraum • Tischtennis

***

GASTHOF VILLA GANG

ZUR SCHÖNEN AUSSICHT

Familie Gang
Zenobergstrasse 25 · I-39019 Dorf Tirol bei Meran
Tel. 0039 0473 236126 - 212422
Fax 0039 0473 211325

Genießen Sie Ihren Urlaub in einer von der Natur gesegneten Landschaft. Ruhige, sonnige Panoramalage, oberhalb der bekannten Tappeinerpromenade. Blick über Meran und dessen Umgebung. In unserem Familienbetrieb erleben Sie eine gemütliche, erholsame und heimelige Atmosphäre, gute, gepflegte internationale Küche. Zimmer mit Dusche/WC, Balkon oder Terrasse, Telefon, Safe, TV. Frühstücks- und Salatbuffet, Menü nach Wahl, Freischwimmbad (12 x 6 m) mit Warm- und Kaltwasserduschen, Sonnenterrasse und Liegewiese. Kinderfreundliches Haus, Klimaanlage, überdachter Parkplatz.

- Herrlicher Panoramablick auf das sonnige Burggrafenamt und den umliegenden Bergen.
- Großzügige App.-Zimmer, teilweise mit Wohnecke, Bad/DU/WC, Telefon mit Direktwahl, TV mit Sat-Programmen sowie breiten Sonnenbalkonen.
- Gastlichkeit und familiäre Atmosphäre
- Tiroler- und internationale Spezialitäten
- Frühstück und Salatbuffet
- Hausgeführte Wanderungen
- Hallenbad mit Schiebetür zur Liegewiese
- Großer Fitnessraum
- Mildes Klima, Sonne und Natur, für einen Urlaub zur Erholung und Ruhe
- Gratisbus ins Dorf

Hotel Weger ***

Dorf Tirol Südtirol

I-39019 Dorf Tirol, Jaufenstr. 16
Tel. 00 39 / 04 73 / 23 70 11
Fax: 00 39 / 04 73 / 21 19 75
e-mail: hotel-weger@rolmail.net

meran · dorf tirol · algund
perle der alpen

Schön, hier zu sein!
Algund
MERAN - ITALIEN

Informationen: Tourismusbüro Algund
I-39022 Algund, Alte Landstraße 33/B
Tel. 0039 0473 448600, Fax 0039 0473 448917
www.algund.com, e-mail: info@algund.com

Residence Hirzer ***

I-39022 ALGUND
Huebenweg 6
Tel. u. Fax: 00 39 / 04 73 / 44 85 61
E-Mail:
residence.hirzer@tophotels.net

Unsere Appartements für 2–6 Personen sind sehr gemütlich eingerichtet und mit Dusche/WC, Balkon, Küchenzeile, Farb-TV, Radio, Direktwahltelefon und Safe ausgestattet. Weiters gehören zu unseren Einrichtungen: geheiztes Hallenbad, Dampfsauna, Solarium, Fitnessraum, Massagedusche, Quirlwanne, Freischwimmbad mit Kinderbecken, Tischtennis, sonnige Liegewiese, Hausbar, Aufenthaltsraum, Parkplatz teils überdacht, Lift, große Terrasse.

Ein Paradies für Naturliebhaber, Erwachsene und Kinder.

... entspannen, wohlfühlen, genießen ...

*** Pension
Ultenerhof

Rosengartenstr. 12
I-39022 Algund bei Meran
Tel: 00 39 / 04 73 / 44 33 83
Fax: 00 39 / 04 73 / 44 78 39
E-Mail: Ultenerhof@rolmail.net

... Abstand gewinnen von der Hektik des Alltags
... ungezwungen die Ferien nach Lust und Laune gestalten
... sich an heißen Tagen in luftige Höhen bringen lassen oder am Pool entspannen
... sich wohlfühlen in den gemütlich eingerichteten Zimmern und Appartements
... auf Luxus und Komfort nicht verzichten

Ein ganz besonderes Anliegen ist es uns, daß sich unsere Gäste bei uns wohl und wie zu Hause fühlen. Daher werden sie in einem persönlich–familiären Ambiente mit Köstlichkeiten aus Küche und Keller von der Juniorchefin und ihrem Team bedient und verwöhnt.

Auf bald Ihre Familie Tratter

Urlaub unter südlicher Sonne . . .

Der Almbergerhof liegt sehr sonnig und ruhig in Algund bei Meran, inmitten von Obstwiesen und Weingärten - ein idealer Ausgangspunkt um das schöne Meraner Land zu erkunden. Als Ihr südliches Ferienzuhause stellen wir Ihnen unsere neuen, komfortabel und großzügig ausgestatteten Appartements für 2-7 Pers. (45-82 qm) zur Verfügung. Wir freuen uns auf Ihre Anfrage! Schöne Grüße

Appartments
Almbergerhof
Familie Sonnenburger
Tel & Fax: 0039 / 0473 / 44 57 68
www.tophotels.com/almbergerhof

Pension
Dorner ***

Die gemütliche Atmosphäre, liebevolle Details und eine herzlich-aufmerksame Gastfreundschaft lassen Sie in unserem Hause den Alltag vergessen.
Eine wunderbare Gartenanlage, großzügiges Freibad mit Poolbar, Sauna, Dampfbad und Fitness stehen zu Ihrer Verfügung.
Wir bieten geführte, unvergeßliche Wanderungen, Grillabende und echte Südtiroler Geselligkeit.
Reizvolle Familienangebote sowie preisgünstige Frühlings- und Wanderwochen.

Fordern Sie unseren Farbprospekt an:
Tel. 00 39 04 73 44 33 09
Fax 00 39 04 73 44 30 91
Internet: www.tophotels.com/dorner
E-mail: dorner@tophotels.net
J.-Weingartner-Str. 40, I-39022 Algund

FERIENWOHNUNGEN
Oberwiester Hof

Ilse und Leo Moser
Oberplars 12
I-39022 Algund bei Meran
Tel. und Fax: 00 39 / 04 73 / 44 84 47
www.tophotels.com/oberwiesterhof
E-Mail. app.oberwiesterhof@rolmail.net

In sonniger Hanglage, umgeben von Obst- und Weingärten, erwartet Sie ein kleines Paradies. Das Haus ist liebevoll, im Einklang von Tradition und Moderne, gestaltet.
Appartements für 2–5 Personen komfortabel und gemütlich, Südbalkon mit prächtiger Aussicht, Telefon, Safe, TV-Sat, große Liegewiese, Parkplatz, Kinderspielecke, Radverleih, geführte Wanderungen. Bushaltestelle 50 m. Idealer Ausgangspunkt für jede Wanderung.

Willkommen, wir freuen uns auf Sie!

PENSION ★★
Alpenblick

Familie Götsch
I-39022 ALGUND
Mitterplars 47
Durchwahl aus D, CH, A:
Tel.: 00 39 / 04 73 44 87 15
oder: 00 39 / 0 33 55 45 94 00
Fax: 00 39 / 04 73 44 37 42

Geniessen Sie die schönsten Wochen im Jahr in der gemütlichen Frühstückspension. Inmitten von Obstgärten finden Sie hier Ruhe und Entspannung, herrliche Aussicht auf Meran und Umgebung. Liegewiese, Tischtennis, kl. Schwimmbecken, Kinderrutsche und Schaukel. Grillmöglichkeit. Parkplatz unter Weinreben direkt am Haus. Ausgangspunkt zahlloser Wanderungen. Bequeme Busverbindung in der Nähe. Zimmer mit Dusche, WC, Balkon und Sat-TV. Frühstücksbüffet ab DM 39,-.

Residence - Café
andrea

Fam. Lanthaler
P. Thalguterstr. 20
I-39022 Algund bei Meran
Tel. 00 39 / 04 73 / 44 98 77
oder 00 39 / 04 73 / 44 68 25
Fax: 00 39 / 04 73 / 44 98 77

Gepflegtes Appartementhaus, behagliche Wohnatmosphäre. Im Zentrum von Algund. Ein,- Zwei,- Dreizimmerappartements (30–50 qm) mit TV, Telefon, möbl. Balkon. Zwei Sandplätze, Café mit Konditorei und Eisdiele.

Pension ** Paradies
Ihr Urlaubsparadies...

Fam. Nardin
Alte Landstraße 20
I-39022 Algund bei Meran
Tel. + Fax: (04 73) 44 83 67

Gemütliche, familiär geführte Pension mit reichhaltigem Frühstücksbuffet, inmitten herrlicher Obstgärten. Ruhig und doch zentral gelegen bieten wir Komfort und Erholung. Lassen Sie sich von uns verwöhnen. Genießen Sie einen besonderen Urlaub in unserem Paradies. Zimmer mit Safe, Du, WC und Balkon. Hallen- und Freibad, Sonnenterrasse und Liegewiese, Parkplatz, Aufenthalts-, Fernseh- und Fitneßraum sowie Sauna und Solarium stehen zu Ihrer Verfügung. Auf unsere kleinen Gäste warten Schaukel, Sandkasten und viele Spiele. Wöchentlich finden gemütliche Grill- und Pizzaabende im Garten statt. Unsere Pension ist idealer Ausgangspunkt für Wanderungen und Bergtouren aller Art. Preisgünstige Angebote im Juni und Juli. Kinderermäßigungen.

Urlaubsparadies Vinschgau vor den Toren Merans

Vetzan ★★★★ SPORTHOTEL

Ein traumhaftes Ferienpanorama voller Möglichkeiten

Südliche Sonne, die herrliche Landschaft, unvergessliche Stunden in freier Natur und im Haus ein Angebot, das seinesgleichen sucht … wie auch immer Sie Ihre Zeit verbringen möchten – ob sportlich aktiv oder müssig-genussvoll – im Sporthotel hat alles Platz: Am Morgen das Frühstück auf der Terrasse, Badefreuden zu jeder Jahreszeit im grossen Hallenbad mit Whirlpool, die sonnige Liegewiese, viel Entspannung in Sauna, Fitnessraum oder bei Massagen, unvergessliche Wanderungen, Touren auf hauseigenen City- oder Mountainbikes oder Spass bei Tennis (2 Plätze) und Golf (9-Loch-Golfclub, Gutshof Brandis in Lana) … Und am Abend lädt der Küchenchef ein zu himmlischen Genüssen der unterschiedlichsten Regionen, gekrönt von edlen Weinen.

Apropos Wein: *Die gemeinsame Weinlese im Herbst ist ein besonderes Erlebnis.*

Informationen:
Sporthotel Vetzan ★★★★
Fam. Tschenett
I-39028 Schlanders/Südtirol/Italien
Tel. (00 39) 04 73 / 74 25 25
Fax (00 39) 04 73 / 74 24 67
E-Mail: sporthotel-vetzan@tophotels.net
http://www.tophotels.com/sporthotel-vetzan

Erlebnishotel SAND ★★★★

EUROPA WANDERHOTELS

Fam. Bernhart
Mühlweg 2
39020 Kastelbell/Tschars
Südtirol/Italien
Tel. 04 73 62 41 30
Fax 04 73 62 44 06
Eurowahl +39 04 73
www.tophotels.com/sand
E-mail: sand@dnet.it

Wandern & Wonne
Wasser & Sonne
vor den Toren Meran's

Zählt ein Haus zu den Wanderhotels Europas sagt das viel – herrliche Wanderungen warten! – aber das ist nicht alles.

Die Vorzüge des Erlebnishotels gönnt man sich am besten „live“. Die Lage im Vinschgau zum Beispiel – umrahmt von Bergen, Wäldern und Weiden, Almen, Quellen, Obstgärten…

Oder die Atmosphäre: lässig und locker; heiter und romantisch. Ein Haus mit Tradition und moderner Gastronomie, das Wert legt auf Küche, Keller und Komfort. Mit lieblichen Ecken und holzgetäfelten Stuben und viel Geselligkeit. Man trifft sich bei Grillpartys und Weinverkostungen, bei gemeinsamen Wanderungen, Boccia, Volleyball-, Tischtennis und Tennisturnieren (eigener Platz). Frei- und Hallenbad, Dampf- und finnische Sauna, Fitnessraum, Solarium, kostenloser Radverleih, Sommerskilauf, Rafting - was gibt's hier eigentlich nicht?

HOTEL ★★★ Bauhof

Fam. Erich Linser
Mareinerstraße 1 – I-39020 KASTELBELL (BZ)
Tel. 0039 04 73 62 41 45 – Fax 00 39 04 73 62 44 68
e-mail: info@hotel-bauhof.com
www.suedtirol-hotels.com/Vinschgau/Kastelbell/Hotel-Bauhof
www.hotel-bauhof.com
SÜDTIROL – ITALIEN

AUF DER SONNENSEITE DES VINSCHGAUS
bei Meran (20 km)

Warum selbst weitgereiste Wanderer fest behaupten, daß der Vinschgau zu den schönsten Wandergebieten Europas zählt? Ganz einfach: weil's stimmt! Viel Sonne, viel Ruhe, viel Grün – von der Hektik des Alltags nichts zu spüren.
Hier, am Ortsrand von Kastelbell mit Blick auf das gleichnamige Schloß, hat unser Hotel die richtige Ausgangslage für viele Wanderungen, Radltouren, kulturellen Besichtigungen und Ausflugsfahrten mit unserem Nostalgiebus.
Müde von den Aktivitäten, die Sie untertags erleben, erholen Sie sich am besten in unserer neuen Saunalandschaft, im Whirlpool oder bei einer angenehmen Massage. Aber auch Erholung am Swimmingpool in unserem großen Garten mit Liegewiese ist angesagt.
Besonders schätzen unsere Gäste die familiäre Atmosphäre und den kulinarischen Mix aus Tiroler und italienischer Küche, zubereitet von unserem vielgelobten Chefkoch Egon. Dazu servieren wir Ihnen unseren Eigenbauwein aus dem hauseigenen Weinkeller (13. Jht.)

Fordern Sie weitere Infos und Wochenpauschalen an! Wir informieren Sie gerne.

MERANER LAND
SÜDTIROL

MERANER LAND SÜDTIROL

DER SÜDEN SÜDTIROLs

**** Hotel
Kartheiner Hof

Hr. De Carli & Co. OHG
39052 Kaltern
Tel.: 0471/963240, Fax: 963145

Das neue ganzjährig geöffnete 4-STERNE-HOTEL zwischen Ortsmitte und Kalterersee. 33 komfortable Zimmer mit Balkon, DU, WC, Radio, Tel., Wandsafe, Mini-Bar und Fernseher. Hallenbad, Unterwassermassage, Freibad mit Liegewiese, Türkischb., Finnischsauna, Hot-Whirlpool und Solarium, Privatstrand, Lift, Garagen und Tennisarrangements, Restaurant und Sonnenterrasse.

Eine Oase der Ruhe, fernab vom Straßenverkehr. Ein modernes Haus, geschmackvoll, komfortabel und mit Atmosphäre. Für Urlaubsaktivisten gleichermaßen interessant wie für jene Gäste, die Ruhe und Entspannung suchen. Hier läßt sich's gemütlich wohnen. Alle Zimmer haben Südseite und Seeblick und verfügen über jeden Komfort. Unsere windgeschützte Terrasse und unsere große Liegewiese laden Sie zum Sonnenbaden ein.

Seehof Ambach
***
Kaltern

Fam. A. Ambach
I-39052 Kaltern an der Südtiroler Weinstraße
Klughammer Straße 3 – Südtirol – Italien
Telefon 0039/0471/960098
Telefax 0039/0471/960099

Ankommen – sich wohlfühlen am Ufer des Kalterer Sees

Gut gelaunt jeden Tag beginnen. Das fängt schon mit einem Blick über den See an. Oder beim Frühstück auf der Terrasse, zusammengestellt am reichlichen Frühstücksbuffet. Unsere Küche versteht es, auch anspruchsvolle Gaumen zu verwöhnen. Klar, daß man dort, wo seit Jahrhunderten der rubinrote Kalterer-See-Wein angebaut wird, Ihnen auch einen besonders edlen Tropfen kredenzt. Und die Badelust stellt sich hier ganz von selbst ein.

Sie suchen die persönliche Atmosphäre,
gediegen, stilvoll, romantisch.
Getragen von der angenehmen Note Ihrer Gastgeber
und den Mitarbeitern.
Sie genießen gerne beste Küche.
Wählen unter den feinen Weinen Südtirols.
Der historische Ansitz „Tschindlhof" liegt
idyllisch in den Wein- und Obstgärten Eppans.
Bezaubernd und familiär zu wohnen.
Unser Ansitz bietet Ihnen einen eleganten
und erholsamen Aufenthalt für die Erkundung Südtirols.
Wir freuen uns auf Sie!

Bes.: Dr. Heinrich v. Mörl
Ansitz Tschindlhof ★★★
I-39057 St. Michael–Eppan
Bergstr. 36 · Telefon 0471/662225 · Fax 663649
E-Mail: tschindlhof@rolmail.net

hotel SCHLOSS KORB
★★★★

Umgeben von eigenen Weinbergen und Obstgärten, mit herrlicher Aussicht auf die Dolomiten und Bozen.
Romantische Burgzimmer und gemütliche Neubauzimmer mit modernem Komfort. Erlebnisbad mit Beauty-Wellness-Programm (Finnische Sauna, Türkisches Dampfbad, Whirlpool, Solarium, Massage, Kosmetik); Freischwimmbad, Flutlicht-Tennisplätze, Liegewiesen und Garage.
Unsere ausgezeichnete Küche mit exzellenten, ausgesuchten Weinen und der freundliche Service werden Sie rundum verwöhnen!

Auf Ihren Besuch freut sich Fam. Dellago!

Fam. Dellago
I-39050 Missian/St. Pauls bei Bozen (Südtirol)
Telefon 0039/0471-636000, Telefax 0039/0471-636033
Email: hotel-schloss-korb@dnet.it
Internet: www.highlight-hotels.com/korb

DER SÜDEN SÜDTIROLs

WEINSTRASSE KALTERER SEE · NATURPARK TRUDNER HORN

Südtirols Südbalkon mit submediterranem Klima, Palmen, Oliven und den weltbekannten Weinen.

Schwimmen ab Mai im wärmsten Alpensee. Frühlingsgästekarte mit allerlei Gratisleistungen. Wandern durch Obst- und Weingärten sowie im Naturpark. Radwandern im Tale, wenn Hunderttausende von Apfelbäumen blühen, und biken am Berg. Urlaub für Weinliebhaber.

Fordern Sie die kostenlosen Infos an:

- 100seitiger Ferienkatalog mit Preisen
- Katalog „Weinreisen“
- Prospekt „Radwandern & Biken“
- Prospekt „Tennisferien“

bei Tourismusverband DER SÜDEN SÜDTIROLs
Pillhofweg 1 • I-39010 - Frangart (Bozen) Tel. 04 71/63 34 88; Fax 04 71/63 33 67

... mit direktem Zugang zum See

und Privatsteg

Begeistert von der Leichtigkeit des Seins badest Du wie ein weißer Schwan im eigenen Teich oder im nahegelegenen Kalterersee. Du träumst von der gottbegnadeten Landschaft und spürst dabei die warmen Sonnenstrahlen.

HOTEL ****S Seeleiten

... und was ist los im Hotel Seeleiten? ...

Wellness-Oase: Hallenbad, Whirlpool, Saunalandschaft, Fitnessraum, Solarium, Beautyfarm, Billard, Tischtennis, Freiluftkegelbahn, Gartenschach, Golfhotel-Service (40% Ermäßigung auf die Greens, Golfplatz Karerpaß), Tenniscamp, kostenloser Fahrradverleih, u.v.m. Sonder-Aktionswochen!

Fam. Moser, I-39052 KALTERN am See
Tel. 0039 0471 96 02 00 • Fax 0039 0471 96 00 64
www.seeleiten.it • e-mail: seeleiten@sudtirol.com

HOTEL-RESTAURANT-CAFE ****S
WEINEGG Fam. Moser

Inmitten malerischer Weinberge haben wir Tradition mit einem leichten Hauch von Luxus gepaart und aus dieser Verschmelzung von Eleganz und alpenländischen Stilelementen ein kleines Paradies geschaffen. Nichts was es in anderen Viersterne-Hotels nicht gäbe, dennoch ist es bei uns anders, romantischer und gefühlsbetonter, nicht zuletzt durch unser persönliches Engagement und durch die liebliche, ruhige Lage.

Ein Paradies für Leib & Seele

I-39050 Girlan a.d. Weinstr. ▪ Lammweg 22
Tel. 0039/ 0471 66 25 11 ▪ Fax 0039/ 0471 66 31 51
www.weinegg.com ▪ e-mail: info@weinegg.com

HOTEL *** TRAMINER HOF

Hotel Traminerhof
39040 Tramin • Weinstraße 37
Tel. ++39/0471 860 384
Fax ++39/0471 860 844
e-mail: traminerhof@rolmail.net
www.traminerhof.it

Ihr Hotel an der Weinstraße

Alle Zimmer verfügen über Bad / Dusche / WC / Fön / Telefon / Safe / Satelliten-TV...

Im Haus: Lift, Tiefgarage (30 PKW), Fahrräder (Mountain-bike), Freischwimmbad (16x6m), Liegewiese, Fitnessraum, Spielplatz, Spielzimmer, Leseraum, TV-Raum mit Premiere
... alles kostenlos.

In Tramin und Umgebung: Benützung eines Privatstrandes am Kalterer See (4km), Tennisplätze, Minigolf, Kegelbahnen, Schießstand
... alles kostenlos für unsere Gäste.

Spaß- und Erlebnisbad, 18 Loch Golfplatz in Petersberg (1/2 Autostunde), Surfen, Fischen, gegen Gebühr

Geführte Wanderungen und Mountainbiketouren

Bike Hotels Südtirol

7 Tage Halbpension ab DM 645.-
Pauschalangebote für: Familien, Wanderer, Radfahrer und Mountainbiker

Gasthof Steinegger

I-39057 Eppan-Berg
Tel. 00 39 / 04 71 / 66 22 48, Fax: 66 05 17

Gemütliches, familiäres Haus mit komfortablen Zimmern, direkt am Waldrand, in einmaliger, sonniger und ruhiger Lage. Für das Wohl unserer Gäste ist mit unserer gepflegten Küche und den vorzüglichen Eigenbauweinen bestens gesorgt. Um sich fit zu halten, genießen Sie unser Freibad mit Liegewiese, Garten und Kinderspielplatz, Hallenbad, Sauna und Solarium. Tennisplatz, Tischtennis, Boccia-, Kegelbahn und Stockbahn. Unser Haus ist ein sehr guter Ausgangspunkt für schöne Wanderungen sowie für Tagestouren.

Besuchen Sie unser kleines Paradies am Montiggler See...

Gartenhotel **** Moser

Erleben Sie ein kleines Paradies im Süden Südtirols: das neugestaltete Gartenhotel**** mit Erlebnisbad, Saunawelt, Poolbar Nixenquelle, Rosen-Garten und Sonnenterrasse, Beach-Volley ...und nicht zuletzt: die Sonne unserer Gastlichkeit!

www.gartenhotelmoser.com
Familie Moser – Montiggler See 104
I-39057 EPPAN an der Südtiroler Weinstrasse
Tel. (04 71) 66 20 95, Fax (04 71) 66 10 75

Kastelruth - Seiser Alm - Schlern

SPORTHOTEL Alpenrose ★★★

Das Skikarusell Karersee mit 40 km Pisten und 30 km gespurten Loipen ist eine einzige Einladung an Sie! Aufstiegsanlagen, Skischule, Skiverleih und Skipaßbüro direkt am Haus.
Die zentrale Lage öffnet Ihnen zu jeder Jahreszeit lohnende Ausflugsziele. Golfplatz, Reitschule, inmitten eines Mountainbike- und Kletterparadieses stellen selbst die sportlichsten unter unseren Gästen zufrieden. Sie finden hier von allem ein bißchen mehr!
Entspannte Atmosphäre in behaglich eingerichteten Zimmern, Hotelbar, Aufenthaltsraum, Sauna, Sonnenterrasse, Gruppenangebote vor der Kulisse von Rosengarten und Latemar und vieles mehr!
Neu: ganztägige Kinderbetreuung, Saunalandschaft, Suiten, Familienzimmer.

I-39056 KARERSEE
Karerseestraße 161
Tel. 00 39 / 04 71 / 61 21 39
Fax 00 39 / 04 71 / 61 23 36

Moseralm ★★★★

SKI-GOLF-& BERGHOTEL

Am Fuße des sagenumwobenen Rosengartens und geschützt vom Latemargebirge, inmitten des Skikarusells, liegt dieser urgemütliche und sportliche Familienbetrieb. Langlaufloipe und Eislaufplatz direkt am Haus.
Komfortable Zimmer mit Bad und Dusche, WC, Balkon, Telefon, Radio, Safe und SAT-TV. Frühstücksbuffet, Menü zur Wahl, Salat- und Vorspeisenbuffet, Bauernbuffet und Galadiner.
Attraktive Relaxing- und Beautycenter mit Heu- und Schlammbädern, Massagen, Beauty-Farm, Erlebnisbad, Kneipp-Fußbad, Thermarium-Dampfbad, Sauna, Whirlpool, Solarium, Fitneß- und Billardraum. Après-Ski an der Schirmbar, Tiroler Tanzabende, gemeinsame Fackelabfahrten, Schiausflüge (z.B. Sellarunde) und, und, und…
Für unsere kleinen Gäste haben wir einen kleinen Zoo mit Pferden, Gänsen, Schafen u.a. Tieren, sowie einen schönen Kinderspielraum, eine große Spielwiese und für den großen Hunger täglich ein Kindermenü vorbereitet.
Neu: ganztägige Kinderbetreuung.

I-39056 KARERSEE
Schönblickstraße 8
Tel. 00 39 / 04 71 / 61 21 71
Fax 00 39 / 04 71 / 61 24 06

Seiser Alm

Hotel Goldknopf ★★★

Fam. Malfertheiner
Jochstraße 18
I-39040 Seiser Alm
Tel. 0471 727915 · Fax 0471 727823
E-Mail: info@goldknopf.com
Internet: www.goldknopf.com

Berghotel mit 60 Betten, Renovierte Zimmer. Windgeschützte, sonnige Lage. Große Sonnenterrasse für die Hausgäste mit herrlicher Fernsicht. Ein günstiger Ausgangspunkt der Alm für Spaziergänge und Wanderungen zum Schlern, Rosengarten, Platt- und Langkofel, ins Grödner Tal. Ideal für Familien mit Kindern, da kein Verkehr oder gefährliche Schluchten vorhanden. Im Winter außergewöhnlich günstige Bedingungen. Drei Lifte am Haus, 5 km gepflegte Pisten, direkte Verbindung zu über 15 Liften auf der Seiser Alm.

ALPENHOTEL ★★★
PANORAMA
Führung: Regele Silvester
Jochstraße 10 • I-39040 Seiser Alm
Tel. 04 71 / 72 79 68 • Fax 04 71 / 72 79 45

Bilderbuchferien auf Europas größter Hochalm, umringt von den Gipfeln der Dolomiten. Inmitten grüner Wiesen, abseits von Abgasen und Lärm. Wandern und Klettern in reinster Bergluft. Kinderspielplatz, große Sonnenterrasse, Kurabteilung und Fitnessraum, Kinderermäßigung. Im Winter direkt an den Skipisten und Langlaufloipen. **Sonderangebote für Wander- und Weisse Wochen!**

Berghotel Santner ★★
Führung: Regele Silvester
Jochstraße 6 • I-39040 Seiser Alm
Tel. 04 71 / 72 79 13 • Fax 04 71 / 72 79 45

VILLANDERS
Eisacktal

Das Wander- und Langlaufparadies gegenüber den Dolomiten

Urlaub, wie ihn jeder gerne mag...

Villanders, sonnig und sanft am Hang gelegen, ein angenehm ruhiger, aufblühender Ferienort, dem Süden zugewandt und mit herrlichem Blick ins Eisacktal und auf die gegenüberliegenden Dolomiten.

Ein Urlaubsdorf (880 m), mit malerischem Dorfkern mit alten Bauernhäusern, **gepflegten Hotels und Privatzimmern. Berühmte Wirtshäuser** und rundherum eine gesegnete Landschaft. Immerhin reicht sie von 491 m unten im Tal bis auf 2509 m, den Gipfel des Villanderer Berges, also von Obstwiesen über Rebhänge, Felder, Kastanienhaine, Wiesen, Wälder und Almen bis zum nackten Fels.

Vor allem im Frühling, wenn die ersten Zwetschgenbäume blühen, und auch im Herbst, **zur Törggelezeit,** wenn sich die Laubbäume färben, die Keller sich mit Wein füllen und in den Bauernstuben zu Kastanien und Speck der „Nuie“ verkostet wird, ist Villanders unbeschreiblich reizvoll. Ausflüge in alle Richtungen stehen an, immer begleitet Sie der wunderbare Blick ins Tal und zu den Dolomiten.

Leicht erreichbar von der Autobahnausfahrt Klausen, 5 km.

Tourismusverein Villanders
I-39040 VILLANDERS / St. Stefan 120
Südtirol - Italien
Tel. 0472/84 31 21 - Fax 0472/84 33 47

---

20 Jahre
GRANPANORAMA
HOTEL
★★★★
Stephanshof

Familie Hans Egger
I-39040 Villanders
Tel. 04 72 / 84 31 50 - Fax 04 72 / 84 33 48
Internet: http://www.highlight-hotels.com/stephanshof/index.html
E-Mail: stephanshof@dnet.it

Einmaliger Blick ins Eisacktal und zu den Dolomiten. Zimmer mit DU/WC, Balkon, Radio, TV (ZDF, ORF, ARD, RTL, SAT1 usw.); Telefon, Safe, Föhn, Frühstücksbuffet, 4-gängiges Abendmenü bei Kerzenlicht. Gemütliche Aufenthaltsräume und Tirolerstuben, Konferenz-, Lese- und Fernsehräume, Personenaufzug. Beheiztes Freibad, große Liegewiese, Tischtennis. Badelandschaft mit Hallenbad/Gegenstromanlage, Whirlpool, Thermarium, Dampf- Kneippbad, Sauna, Solarium und Fitness, Friseur. Grill-, Tanz- und Tirolerabende, eigenes Hausprogramm, Haustaverne, Privatparkplatz.

Hotel ★★★
Hubertus

Familie Rabensteiner
I-39040 Villanders · St. Stefan 97
Tel. 04 72 / 84 31 37 · Fax 04 72 / 84 33 33
http://www.hansjoerg-hubertus.it
E-Mail: hansjoerghubertus@dnet.it

Ruhige Aussichtslage mit Rundblick ins Eisacktal und zu den gegenüberliegenden Dolomiten.
Unser Haus verfügt über Zimmer mit Dusche/WC, Telefon, SAT-TV und Balkon. Cafè/Bar mit Gartenterrasse, Speisesaal für Hausgäste (gute Küche), Frühstückbuffet. Hallenbad mit Gegenstromanlage, Sauna, Solarium, solargeheiztes Freischwimmbad mit Liegewiese. Unterhaltungs- und Grillabende. Garagen und Privatparkplatz.

Gasthof ★★
Sturmhof

Fam. Untermarzoner
I-39040 Villanders
Tel. 04 72 / 84 72 63 · Fax 04 72 / 84 73 40

In herrlicher Lage, auf halber Höhe zwischen dem Künstlerstädtchen Klausen und dem sonnigen Villanders.
Wer als Gast bei uns einkehrt freut sich über die ruhige Lage, die schönen Gästezimmer mit Dusche, WC, Fernseher und Balkon, die große Liegewiese mit dem hauseigenen Freibad und ganz besonders über die freundliche Atmosphäre. Restaurant mit gutbürgerlicher Küche. Café-Bar mit Gartenterrasse. Privatparkplatz. In unserer originellen Bauernstube trifft man sich vor allem beim Törggelen mit Eigenbauwein, Tiroler Bauernspeck, gebratenen Kastanien und anderen Produkten der eigenen Landwirtschaft.

Hotel ★★★
Egger

Familie Egger
I-39040 Villanders
Tel. 04 72 / 84 31 87 · Fax 04 72 / 84 33 64

Unser Hotel liegt ruhig und sonnig im Zentrum von Villanders und bietet einen schönen Rundblick ins Eisacktal und zu den gegenüberliegenden Dolomiten. Familiäre Atmosphäre, gemütliche Aufenthaltsräume, Cafè/Bar, Speisesaal für Hausgäste. Alle Zimmer mit Dusche/WC und teilweise Balkon. Haustaverne, solargeheiztes Freischwimmbad, Sauna, Solarium, Liegewiese, Fitnessraum, Tischtennis und Privatparkplatz.

Eisacktal